BRUNO J. GIMENES
PELO ESPÍRITO *Cristopher*

OS SÍMBOLOS DE FORÇA

A VOLTA DOS
*Iniciados*

---

Para ativar o seu bônus, acesse:
ochamadodaluz.com.br/palestra

BRUNO J. GIMENES
PELO ESPÍRITO *Cristopher*

OS SÍMBOLOS DE FORÇA

# A VOLTA DOS *Iniciados*

*Capa, Projeto Gráfico*
 *e Editoração Eletrônica:* Marina Avila
*Revisão:* Fernanda Regina Braga

Dados Internacionais de Catalogação na Publicação (CIP)
(Câmara Brasileira do Livro, SP, Brasil)

---

C933s   Cristopher (Espírito).

Os Símbolos de Força: a volta dos iniciados/ Bruno Gimenes J.

pelo Espírito Cristopher. – Nova Petrópolis: Luz da Serra , 2012.

175 p.; Il.

ISBN 978-85-64463-05-9                           CDU 139.9

---

1.Religião. 2.Espiritismo. I. Gimenes, Bruno J. II. Título.
Catalogação na publicação: Vanessa I. de Souza CRB10/1468

Todos os direitos reservados à
**Luz da Serra Editora Ltda.**

Avenida 15 de Novembro, 785
Bairro Centro
Nova Petrópolis / RS
CEP 95150-000
editora@luzdaserra.com.br
www.luzdaserra.com.br
www.luzdaserraeditora.com.br
Fone: (54) 3298-2233 / (54) 99113-7657

Impresso no Brasil - 2011

# APRESENTAÇÃO DO AUTOR

*No ambiente* da dimensão espiritual, no nível extrafísico da vida, fui chamado mais uma vez pelos amparadores espirituais – pelo canal da mediunidade – para narrar as novas possibilidades oferecidas à humanidade no período em que vivemos.

Nossos olhos físicos, pouco treinados, quase nada podem ver sobre o trabalho intenso dos seres de luz nos orbes celestes, com os objetivos bem definidos de elevar a raça humana a um novo patamar de consciência e elevação moral.

Colocando toda a minha intenção positiva e a minha dedicação como escritor, entreguei-me por completo ao trabalho, na tentativa de deixar de lado as minhas inferioridades para atuar como canal da Vontade Maior, na companhia amorosa dos queridos amigos espirituais, e assim narrar os acontecimentos seguintes da forma mais fiel possível.

Ofereço a você, leitor, com todo o meu carinho, respeito e gratidão, mais essa obra produzida pela via da mediunidade com a orientação de espíritos amigos.

Neste trabalho, pudemos viajar por alguns ambientes astrais, analisando suas movimentações junto ao cenário da vida física no contexto da transição planetária e da evolução espiritual da humanidade. Além disso, conseguimos registrar o maciço trabalho dos mestres das sombras para dispersar a iminente onda de bênçãos que envolve a humanidade. Esses seres têm o objetivo de protelar o máximo possível o despertar de potenciais adormecidos.

Desejo que você mergulhe na proposta deste livro de mente aberta e espírito livre para que o fruto de suas reflexões possa lhe promover grandes voos na escalada rumo à sua ascensão espiritual.

Com toda gratidão e respeito, desejo-lhe ótima leitura!

*Bruno J. Gimenes*

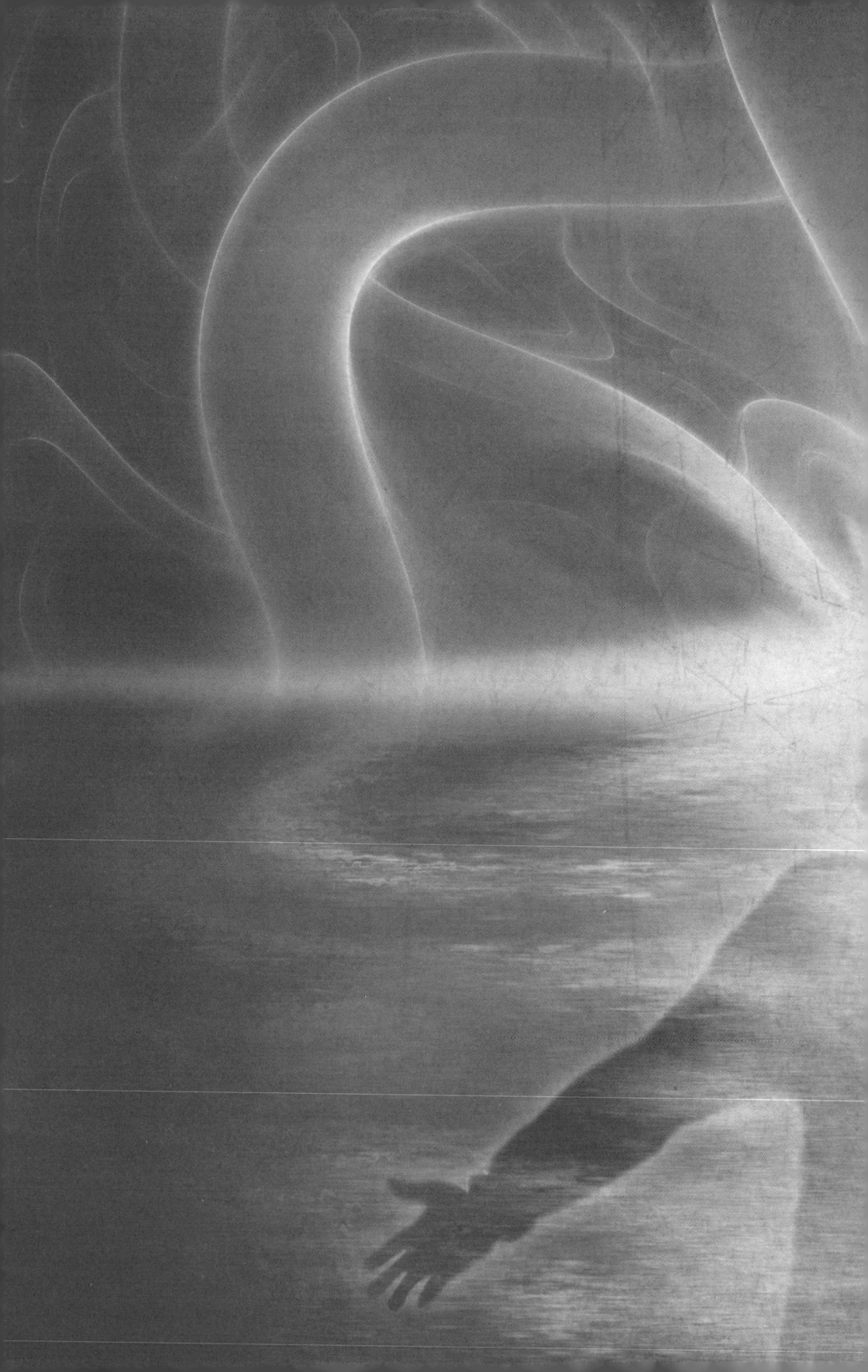

# PREFÁCIO
# DE ASTROL

*Vivemos um momento* em que as energias celestes atuam sobre o planeta Terra com uma incidência marcante que notadamente nos apresenta inúmeros estímulos de despertar para uma vida profundamente pautada no amor, na paz e na retidão de caráter.

Chegou o momento em que se descortina, diante da humanidade encarnada, a possibilidade de sentir plenamente a ação do Alto diante das situações comuns da vida física.

Os amparadores do plano Maior, os emissários do Grande Espírito Criador, apresentam-se de forma direta ao trabalho de migrar a grande massa de seres do lindo Planeta Azul à condição de nobreza essencial. Nunca na história recente da humanidade tivemos tantas possibilidades oferecidas em tal teor. Jamais reunimos tantas convocações aceitas pela sintonia do coração dos seres encarnados.

O "sol nasceu para a humanidade" e o clareamento das consciências é uma realidade. As verdades da alma se revelam diante dos atos amorosos.

A alienação é a gangrena que adoece e ofusca a luz desse sol que principia a transmutação dos venenos da mente. Portanto, abra-se para esses raios celestes que constroem a vitória da consciência sobre a ignorância. Purifique-se do poder destruidor da miopia espiritual e assim torne-se também um emissário da Luz Divina para a elevação moral da humanidade.

Deixe que a chuva de bênçãos do Grande Espírito Criador envolva a sua alma e que, no seu coração, as virtudes divinas se revelem por consequência. Esta é a hora! Retidão e verdade, essa é a sua força!

*Astrol*

---

1 - Astrol é um espírito muito esclarecido que, ao longo das sucessivas encarnações, encontrou paz espiritual por meio da experimentação profunda causada pelo sentimento de amor. Vive nas dimensões sutis da espiritualidade, oferecendo ajuda e paz para todos os que solicitam. Essa ajuda só ocorrerá quando quem pedir o auxílio também abrir o canal da humildade, da remoção do orgulho e da entrega espiritual.
Sua luz é cintilante, suave e rápida, caracterizada principalmente pelas cores esmeralda e azul claro. Aparece envolvido por igual luminosidade e tem a capacidade de fazer qualquer desafeto do seu coração ser dissipado em segundos.
Interessado nas leis da matéria, ele é profundo conhecedor dos efeitos do amor na bioenergia espiritual. É especializado na compreensão dos efeitos fluídicos e energéticos causados pelas emanações do amor.
Divertido em sua forma de agir, comemora a cada instante os nossos passos ascendentes, como um pai que se alegra com o caminhar de um bebê em crescimento.
Sua alma jovial e sua capacidade inquestionável não nos colocam distantes dele. É incrível a capacidade que ele tem de nos adaptar à sua presença marcante.
Com Astrol nos sentimos felizes, amparados, na impressão de estarmos com um irmão mais velho ou com um sábio amigo, que com sua conduta habilidosa consegue nos deixar à vontade, além de nos inspirar os mais agudos sentimentos elevados. Tudo com equilíbrio e leveza.

MAIS UMA JORNADA
UMA PALESTRA NO
PLANO ESPIRITUAL

*Alguns minutos* após me deitar, o meu corpo espiritual saiu do material pelo processo da **projeção astral**[2] e se sentou ao pé da minha cama. Fiquei meio confuso e somente depois de alguns segundos consegui recobrar a minha consciência, que naquele momento acordava no plano espiritual.

Não posso negar que, no primeiro momento em que percebi a presença de *Cristopher*[3], o amigo e orientador espiritual que me ajudou na construção de dois livros anteriores, imaginei que seria apenas uma simples visita para, quem sabe, trazer alguma informação útil ao curso que eu ministraria no dia posterior. É muito comum, nessas ocasiões em que estamos sintonizados com o evento do dia posterior, recebermos as iluminadas visitas de seres empenhados em nos transmitir ensinamentos e orienta-

---

2 - É a faculdade que a alma tem de se projetar para fora do corpo físico durante o sono. Mantém-se ligada ao físico por meio do cordão de prata. Existem dois tipos de projeção basicamente: a consciente, em que o projetor tem discernimento sobre seus atos e pensamentos, e a não consciente, em que não há lembrança da saída do corpo.

3 - Surpreendente alma de aspecto jovem, salientando em sua aparência intensa atração e curiosidade pela vida e seus afins. Nunca deixa de lado o estudo da natureza, das leis universais que regem a humanidade e principalmente as escalas de evolução do espírito humano. Sua aura de curiosidade pelos estudos é maravilhosa. Embora seja um orientador que demonstre profundo conhecimento e profundidade sobre todos os temas que ele ensina através das suas mensagens, trata-se de uma personalidade muito humilde e consciente.

ções. No entanto, que ilusão a minha achar que esses seres estão apenas "a passeio"! Esse pessoal nunca descansa. Eles estão sempre trabalhando, por isso uma visita simples – em especial no caso do amigo Cris – seria algo improvável, impossível. Improvável porque, junto com ele e com os seus ensinamentos, sempre vêm projetos, ideais, novidades e, consequentemente, muito trabalho.

Ainda nem tínhamos publicado nosso livro *Ativações espirituais – Obsessão e evolução pelos implantes extrafísicos*, o que me fazia acreditar que tão logo ele não surgiria com um novo projeto. Entretanto, Cristopher é assim mesmo, ele nunca para. Em resumo: ele tinha novos planos!

Cris sempre aparece envolvido em uma aura de curiosidade e estudos que eu não tenho como explicar. Quando ele chega perto de mim, naturalmente deixo a agitação mental de lado e começo a centrar mais os pensamentos, a concatenar as ideias e sem demora sou compelido a produzir um novo texto, um áudio, uma mensagem ou até mesmo a desenvolver um curso.

Com a sua aparência tipicamente tímida, entretanto centrada, ele esboçou um sorriso no rosto assim como uma criança arteira, pois ele sabia que a minha reação seria de espanto, afinal mal tínhamos terminado o trabalho anterior e ele já estava a postos para produzir um novo.

Junto com esse meu sentimento de espanto também aflorei um sorriso natural, porque, como já disse, essa turma de amparadores espirituais nunca descansa. Segundo eles, o **umbral**[4] não tira férias, então por que nós cessaríamos os trabalhos?

Nessa sintonia que estabelecíamos, compreendi definitivamente que não tínhamos tempo a perder, afinal de contas eu também sabia da minha responsabilidade junto aos amparadores espirituais em trazer à tona novos conhecimentos sobre as atmosferas extrafísicas.

Ao mesmo tempo em que o espanto passava, surgia em mim um sentimento de curiosidade, e dessa forma comecei a imaginar quais experiências nos aguardavam dessa vez. O sentimento de euforia começou a surgir porque, na ocasião da construção do livro *Ativações espirituais,* eu tive a bênção de acessar lugares no plano espiritual, sejam de luz ou de trevas, que jamais poderia imaginar que existiam. Sendo assim, quando me deparei com a oportunidade que se revelava à minha frente, naturalmente me animei com as possibilidades das novas jornadas que estariam por vir.

Sentindo a minha típica empolgação, algo que o nobre amigo já conhecia há muito tempo, Cris sorriu e me disse:

---

4 - Denominação dada ao ambiente astral inferior, do plano espiritual, local onde residem as almas perturbadas e afetadas por toda escória perniciosa proveniente da degradação da consciência humana. A palavra em si deriva do latim *umbra*, que significa "sombra".

– Calma, calma, fique tranquilo! Serene e eleve a sua sintonia. Acalme-se para poder entender melhor a nossa nova tarefa.

Ouvindo o recado de Cris, centrei minha mente e elevei meu pensamento a Deus, expressando a minha gratidão pela oportunidade e pedindo forças para servir aos desígnios divinos da melhor forma possível.

Nem percebi a mudança de vibração acontecer, quer dizer, a **transição de planos**[5], pois, quando olhei à minha volta, vi que estávamos no que parecia um amplo auditório todo preparado para uma palestra. Pela arquitetura do local, pela sensação de paz e leveza, deduzi que estávamos em um lugar muito especial. A plateia aguardava a chegada dos palestrantes: talvez um pouco mais que cento e oitenta seres esperavam muito bem acomodados nas poltronas daquele plenário.

Fiquei animadíssimo com o acontecimento que se descortinava diante de meus olhos. Fui convidado por Cris para também me sentar e aguardar o início da apresentação.

Sem demora surgiram Astrol e **Luara**[6] à frente da

---

5 - Passagem por dimensões ou esferas diferentes pelo processo de flutuação ou volitação do corpo espiritual pelos ambientes extrafísicos.
6 - Luara é um ser de alto quilate espiritual que, em sua consciência coletiva, trabalha auxiliando todas as mulheres a compreenderem e resgatarem a força da energia feminina.

plateia, prontos para começar a apresentação. Saudaram o público e fizeram uma breve oração cheia de intenção positiva e amor, o que emocionou a todos.

Eu estava bastante animado porque, em espírito, visitava um ambiente extrafísico primoroso, com a presença de muitos espíritos elevados. Além disso, assistiria a uma palestra de Luara e de Astrol, seres que tanto amparam meu trabalho na jornada física da Terra.

Após o término da prece, Luara começou discursando:

— O evento principal da atualidade é a transição planetária, a qual representa mais especificamente a alteração nos modos de pensar, sentir e agir da humanidade.

Numerosas ações são sistematicamente disparadas pelos planos superiores com o propósito de estimular gradativamente saltos de consciência em todos os seres humanos.

Pulsações magnéticas de Fontes sublimes são emitidas com o propósito de despertar corações por toda a face da

---

Iniciada nos mistérios das civilizações egípcias, estimula, da esfera espiritual, todas as mulheres a desempenharem seus papéis com firmeza, amor e consciência. Sua marca são o equilíbrio e a beleza. Que ninguém confunda essa beleza da qual ela fala com a beleza física mundana. Um ser de beleza rara, com pele branca como leite, olhos castanhos escuros, linda tiara dourada prendendo seus longos e brilhantes cabelos negros, envolvida em uma cintilante aura de sabedoria.

Terra. É um momento de ouro, porque combina uma série de fatores naturais, universais, cármicos, todos favoráveis para proporcionar uma espécie de intensivo de purificação espiritual em todas as pessoas. Só não será beneficiado por essa irradiação balsâmica – que vem direto do coração do Grande Espírito Criador – aquele que oferecer resistência a essas bênçãos. A resistência é a ilusão e a alienação típica dos humanos que se desligaram das necessidades de nutrir a alma e conhecer as verdades espirituais.

A grande barreira que bloqueia a benéfica chuva de bênçãos cósmicas despejadas maciçamente sobre a humanidade é a alienação, por isso essa é a fenda por onde o reino das trevas quer penetrar. É nesse ponto que está estruturada a estratégia dos mestres da escuridão, que planejam investir em toda forma possível de estímulo à alienação, desenvolvendo para isso técnicas que promovam cada vez mais distrações pelo materialismo excessivo, pelo orgulho, pelo fascínio financeiro ou pela vaidade.

Depois dessa primeira explanação, Luara silenciou-se por alguns segundos, percebendo a importância de dar tempo para que a plateia absorvesse com tranquilidade a riqueza dos conteúdos ali apresentados.

Após esse pequeno intervalo de tempo, foi Astrol quem retomou a palestra, tomando a palavra para si:

— A Terra encontra-se ajustada para vibrar em outra sintonia, passando de planeta de expiação para regeneração, o que quer dizer que os aprendizados não mais precisarão se processar necessariamente pela via da dor ou do sofrimento. Essa nova sintonia está produzindo intensas transformações no DNA espiritual dos seres humanos.

Algumas condições naturais favorecem o surgimento da vida. Por exemplo, no plantio de uma semente, a água, o sol e a qualidade do solo são determinantes para que haja a germinação. No caso de esses três fatores estarem em equilíbrio, a semente brotará com todo vigor e sem demora produzirá raízes, talos, folhas, frutos ou flores com toda beleza e vitalidade.

Essa é uma boa comparação para trazer o entendimento do momento em que atravessamos, porque todas as condições naturais do planeta Terra estão em perfeita harmonia para que a semente da evolução germine.

— Atualmente, há grande incidência de fluxos de energias sublimes que atuam em todos os encarnados, provocando diversas ativações espirituais que proporcionam vários estímulos de despertar consciencial. Essa ocorrência natural do período de transição que atravessamos está incomodando muito os mestres das sombras, porque eles sabem que esses movimentos coletivos – portanto em grande escala – podem afetar diretamente seus reinados e estilos de vida reticentes ao amor de Deus e às rodas de reencarnação. Eles sabem que seus **paraísos de ilusão**[7] estão ameaçados e por isso intensificaram toda forma de assédio sobre os encarnados. Isso nos mostra que, se por um lado as bênçãos divinas estão pairando em grande concentração sobre a humanidade, por outro, na tentativa de se oporem a esses acontecimentos evolutivos naturais, os especialistas das sombras intensificaram muito as suas investidas, os seus processos obsessivos, servidos de tecnologias malignas de alto potencial. Essa é a tônica da "queda de braço" atual entre a luz e as sombras.

Nada poderá ser feito em benefício dos seres alie-

---

7 - O termo *paraísos de ilusão* refere-se aos impérios construídos por esses senhores da sombra, nas zonas mais densas. Esses locais apresentam arquitetura impecável, com recursos de decoração, urbanização e engenharia que faria qualquer especialista da Terra ficar completamente impressionado diante dos detalhes de luxo, beleza e conforto. Entretanto, são atmosferas artificiais, mórbidas, porque, embora tenham uma riqueza de detalhes de impressionar, são construídas por fontes nefastas, distanciadas do equilíbrio divino da vida, que dá amor e harmonia a tudo. Essas construções são produtos da criação de mentes profundamente treinadas na matéria astral dessas dimensões. A observação de que se trata de pura ilusão é simples: em primeiro lugar, porque a fonte que dá sustentação a tais criações é de teor maligno no sentido amplo da palavra, porque vem da exploração, da dependência, que não pode ser mantida eternamente. E é essa eternidade que embasa a certeza de que tudo não passa de ilusão, porque dessa eternidade flui abundantemente uma das principais leis universais, a Lei da Evolução Constante.

nados, mas tudo poderá ser feito para amparar aquele que desperta.

Todos os seres mantidos em estado de alienação não conseguirão acessar ou receber as bênçãos irradiadas do coração de Deus. Dessa forma continuarão a fornecer, por via do vampirismo desmedido e impiedoso, fluidos vitais valorosos aos mestres das sombras.

No panorama que se estabelece nessa luta entre as polaridades, o sentimento de esperança se renova com a percepção dos benéficos efeitos que essa chuva magnética de bênçãos cósmicas vem oferecendo aos seres de coração receptivo. Esse aspecto realmente anima!

Muitos seres encarnados na Terra, por mais que estejam vivendo vidas normais ou sem grande expressão, ainda assim carregam adormecidos, em seus corpos espirituais, símbolos de força inoculados, apenas aguardando o momento e a condição favoráveis para eclodir. Esses símbolos são conquistas de níveis conscienciais adquiridos em outras vidas.

Cada **experiência encarnatória**[8] bem vivida – no que se refere ao cumprimento da missão da vida física, evoluindo, harmonizando-se, harmonizando-se com terceiros

---

8 - Refere-se a uma vida, no sentido de uma encarnação do espírito em um corpo físico que deve existir para evoluir e promover a purificação da alma, nas sucessivas experiências ou encarnações.

e praticando o altruísmo – ancora no corpo espiritual da pessoa um símbolo de força que é como uma medalha de honra ao mérito ou uma condecoração. Portanto, esses símbolos guardam uma força de realização muito forte, porque acumulam em suas matrizes a vibração condensada de uma vitória encarnatória. Parece simples dizer vitória encarnatória, mas infelizmente uma experiência material bem vivida, bem aproveitada no que concerne à evolução do espírito sem que se tenha gerado alta carga de **carmas negativos**[9] é algo raro. Medo, culpa, insegurança, pessimismo, limitação mental, rebeldia, intolerância, tristeza e melancolia são sentimentos comuns a todas as pessoas da Terra e têm como origem principal as experiências reencarnatórias fracassadas, nas quais o indivíduo, em vez de utilizar a passagem pela vida física para se purificar, acabou, por seus erros e distrações, densificando-se ainda mais. Essa é a característica mais marcante na história das sucessivas encarnações pelas quais a humanidade já passou: experiências fracassadas!

Nesse cenário, uma simples vida de sucesso, entre tantas experimentadas por um espírito, pode significar uma grande virtude que fica armazenada "a ferro e fogo" no DNA espiritual daquele ser.

---

9 - São todas as ações já cometidas por nós que trazem os resultados atuais das situações presentes. O carma ruim é derivado de ações negativas, densas ou destituídas de amor.

Portanto, como já comentado, os símbolos de força são como medalhas de honra ao mérito que promovem a patente da escala evolutiva do ser humano.

— No lado material da vida, em que as vaidades e o ego entorpecem a consciência dos homens e cega suas visões espirituais, o dinheiro, as posições sociais, os cargos, os bens materiais, o sobrenome podem manifestar o sucesso ou o insucesso de uma pessoa. Entretanto, no plano espiritual, o que realmente determina o sucesso de um indivíduo é o seu nível de aprimoramento espiritual, que não pode ser disfarçado, manipulado clandestinamente ou imposto pela ganância. No plano espiritual, é a capacidade de viver a verdade do Grande Espírito Criador que realmente conta!

Por isso, cada símbolo de força só pode ser adquirido com muita dedicação e entrega espiritual ao longo de uma vida física, pois não pode ser conquistado sem que haja merecimento e entrega.

Cada símbolo carrega grandes quantidades de energias positivas impregnadas com a força de dons e habilidades desenvolvidas na encarnação de sucesso correspondente. Por exemplo, se alguém viveu uma vida dedicada ao cultivo de plantas medicinais, com objetivos de ajuda coletiva e que porventura tenha vivido essa experiência com foco e determinação a serviço do bem maior, ao desencarnar terá ativado em seu corpo espiritual um símbolo de força que carrega consigo muitas habilidades com a medicina das plantas. Isso é o mesmo que dizer que aquela pessoa é iniciada nas específicas habilidades adquiridas naquela experiência.

Esse poder retido no símbolo de força pode não estar ativado na pessoa ainda em sua encarnação atual, portanto muitas vezes ela nem sente a força do dom oculto que tem. Uma vez que seja ativado, então todas essas habilidades podem vir à tona e esse afloramento poderá gerar uma transformação poderosa na vida da pessoa.

São suas iniciações se revelando!

Todo símbolo tem uma geometria, um desenho específico, que representa a iniciação ou a vitória, condensada num núcleo energético que mais parece uma medalha de aproximadamente cinquenta milímetros de diâmetro.

Os desenhos contidos no símbolo carregam consigo elementos referentes aos dons ocultos acumulados e ao sucesso conquistado na experiência. É importante dizer que nosso objetivo não é demonstrar os desenhos específicos de cada símbolo, mas trazer à tona esse conhecimento. Portanto, os símbolos de força são registros de virtudes condensadas na alma de espíritos que viveram uma ou mais experiências reencarnatórias de sucesso. Em outras palavras, esses símbolos representam potenciais adormecidos nos corpos espirituais de muitas pessoas – ou como chamamos, iniciações –, prontas para entrarem em ação quando as condições favoráveis ocorrerem. E o momento é agora, ou melhor, uma faixa de tempo terrestre que vai da atualidade até aproximadamente trinta anos adiante.

O plano dos seres de luz é o de aproveitar os fluxos naturais que se aproximam para estimular a habilitação dos símbolos de força nas pessoas portadoras. Esses anos vindouros carregam ingredientes cósmicos especiais para produzir gradativamente o despertar dos símbolos. O resultado dessa onda de bem-aventurança será uma alteração de consciência em proporções planetárias jamais vista na história da Terra.

Com seus símbolos ativados, diversos seres humanos naturalmente serão compelidos a fazer grandes "obras" no sentido da evolução do bem maior. Muitos serão internamente tomados por uma vontade superior de liderar grandes projetos que envolvam incríveis mudanças de consciência em seus ambientes, grupos sociais, familiares, entre outros. Assim, gradativamente, as pessoas atenderão seus chamados internos, em sintonia com as forças do Cristo, para desenvolverem seus papéis no sentido da evolução do planeta, desempenhando nobres tarefas que estejam ligadas às características dos símbolos de força ativados.

Sabemos como certo também que nenhum símbolo de força despertará no indivíduo alienado para as verdades espirituais. Como já comentado, essa é uma força de oposição que impede a ativação do poder iniciático que o símbolo carrega. É uma escolha que cada pessoa faz ao se afastar do caminho da evolução da consciência. Em contrapartida, qualquer pessoa moderadamente conectada com a espiritualidade poderá sentir atualmente, e no futuro muito próximo, a ativação dos seus símbolos de força. E, se assim ocorrer e conseguirmos a ressonância de propósitos necessária junto aos encarnados, dentro de cinco, dez ou vinte anos, teremos cada vez mais pessoas fazendo a diferença, em todo o mundo, gerando bons exemplos, estimulando sentimentos nobres, liderando projetos iluminados e sinalizando para os demais – que estão em estágios menos adiantados – os novos rumos a serem seguidos. Esse é um caminho sem volta, pois a semeadura já foi feita há milênios, e, sendo assim, chegou o momento da germinação pela ação dos mecanismos naturais oferecidos pelo Grande Espírito Criador.

Com esse discurso emocionante e motivador, fiquei estupefato, atormentado, animado, dessa forma também sem saber o que dizer. No breve intervalo que Astrol deu para que toda a plateia pudesse digerir tão animadora revelação, olhei para o amigo Cris, sentado ao meu lado. Eu estava praticamente vidrado com tantas novidades das quais tive conhecimento.

Percebendo a minha afetação, pelo efeito de tantas novidades, Cris comentou:

– Atualmente, na Terra, temos um número aproximado de 6% de pessoas que carregam em seus corpos espirituais símbolos de força potencialmente passíveis de ativação. Chamamos essas pessoas de iniciadas.

Dessa quantidade, uma grande parcela apresenta até dois símbolos de força. Uma quantidade ainda menor apresenta três, quatro ou mais símbolos.

Tanto os denominados como normais, que são os que têm até dois símbolos, como os que têm três ou mais símbolos são, em sua maioria, cidadãos comuns (atualmente), envolvidos em tarefas naturais da sociedade, no trabalho, na família e no lazer. São os conhecidos como virtuosos.

No momento em que essas pessoas aparentemente comuns começarem a receber as ativações naturais para o despertar das virtudes dos seus símbolos, as mudanças em seus estilos de vida serão irrevogáveis, porque sentirão uma força descomunal pulsando em suas almas, chamando-as para suas missões. Isso já acontece no mundo com muitas pessoas, entretanto começará a ocorrer com maior frequência. Do dia para a noite muitos começam a sentir seus ideais de vida renovados, seus valores purificados, tomam decisões diferentes e alinham-se naturalmente aos propósitos de Deus nesse fluxo de evolução da consciência.

Quando um único símbolo de força é ativado, a energia e os potenciais que ele desperta são tão intensos que a pessoa não consegue mais impedir as mudanças que virão em sua vida. O melhor é que a identificação dela com as virtudes afloradas é naturalmente tão grande – por estar em sintonia com sua essência – que os movimentos de mudança são normalmente muito agradáveis ao recém-despertado.

Cris encerrou sua fala, pois o intervalo que o palestrante tinha dado havia se esgotado. Astrol lançou um intenso olhar sobre a plateia silenciosa, que já estava magnetizada pela beleza do seu discurso. Ele concluiu a palestra expressando estas palavras:

— Todas essas possibilidades nos mostram uma visão clara de um futuro próximo realmente animador, sinalizando que os tempos áureos estão por vir!

Quando ele encerrou a fala, meu coração se encheu de um sentimento muito puro e intenso.

Aquele era um lugar lindo. Além do mais, eu estava vendo outros seres cheios de amor e esperança por toda a plateia. Eram diversos espíritos, a maioria deles encarnados que estavam ali em projeção astral para receber aquela chuva de esperanças e boas notícias. Sem contar que não me contive de emoção ao receber um olhar amoroso dos nobres mentores Luara e Astrol ao término da apresentação. Tudo isso gerou em mim um sentimento muito forte de gratidão.

Confesso que, naquele momento, achei que iríamos conversar com os amparadores um bom tempo, mas Cris me levou até eles apenas para receber um abraço. Claro que dizer "apenas um abraço" é muita ingratidão, afinal não tenho nem como descrever a torrente de fluidos amorosos que percorreu meu ser na ocasião. Os dois queridos mestres, Astrol e Luara, ficaram pouco no recinto, pois já tinham novos compromissos que lhes cobravam rápido translado a outras paragens universo afora. Mesmo assim, encontramos um minuto para irmos ao encontro deles.

Abracei os dois e então não contive as lágrimas, principalmente pelo amor recebido na energia feminina de Luara. Ela acompanhou de perto meu desafio em escrever o livro *Mulher – A essência que o mundo precisa*, por isso ela entendeu meu choro de emoção, que expressava um sentimento de menino, de criança, que veio à tona naquela hora.

A você, leitor, recomendo a leitura desse abençoado livro (*Mulher*), onde eu comento o desafio que tive em produzir um trabalho sobre um tema ímpar, a energia da mulher.

Após aquele breve momento de efusão de energias balsâmicas para minha alma, Cris pediu para que eu os deixasse seguir. Então me despedi da iluminada dupla e continuei a caminhar pelo ambiente da palestra, ainda degustando a aura de amor e leveza aglutinada naquele local.

Cris me convidou para irmos até uma sala ao lado do salão principal de conferências. Lá nos isolamos das outras pessoas e ele começou a me explanar novos dados sobre o tema central deste livro: os símbolos de força.

– O potencial transformador dos símbolos de força é uma grande ameaça para a ordem nos submundos estabelecida pelos mestres da escuridão. Esses seres, que são entidades especializadas em toda forma de ação obsessiva, com propósitos denegridos e de moral baixa, estão vendo que esse movimento coletivo de despertar para a espiritualidade pode comprometer completamente seus reinados e seus raios de atuação junto aos encarnados, sua maior fonte de energia.

Atentos a essa transição de ordem planetária, ampliaram significativamente as investidas sobre todos os viventes da experiência terrena atual, lançando mão de todas as artimanhas necessárias, completamente destituídas de amor, respeito, moral, ética ou honra. São estratégias malignas das mais diversas, com proporções assustadoras. São investidas desenvolvidas com planejamentos detalhados, apurados, com eficiência e alcance realmente espantosos. Assim, esses seres atuam maciçamente no horizonte das consciências ainda adormecidas.

Todos os encarnados dotados de símbolos de força adormecidos são potenciais alvos do assédio desses seres malignos, pelo simples objetivo que eles têm de protelar ao máximo o despertar dessas virtudes em meio aos viventes. Por isso, algumas pessoas potencialmente virtuosas, mas que ainda se mantêm na linha da cegueira espiritual, ou ainda que cultivam um estilo de vida alienado desses valores, são presas fáceis para a ação dos assombrosos mensageiros dos submundos.

Muitas pessoas com esse perfil de alienação espiritual e que carregam consigo símbolos de força adormecidos são alvos de obsessões maciças que têm o objetivo de impedir a ativação dos símbolos. É comum, no caso dos virtuosos, que são pessoas dotadas de três ou mais símbolos, a presença de até oito guardiões das trevas, cercando-os por todos os lados, para que a luz da consciência espiritual não os encontre. Não são obsessores quaisquer, são espíritos de elevado mentalismo, com habilidades hipnóticas e magnéticas, os quais, por meio de frequente indução mental, levam seus alvos a processos de fascinação material, comportamentos exageradamente vaidosos, hipersexualismo e vícios de toda ordem.

Esses virtuosos, os quais são espíritos iniciados por experiências pretéritas de sucesso, são seres que, se despertarem para a realidade espiritual, certamente produzirão mudanças positivas de grande intensidade para a humanidade. São potenciais professores, formadores de opinião, líderes espirituais, políticos, sociólogos, filósofos, médicos, biólogos, cientistas, advogados, engenheiros, que terão suas ações naturalmente pautadas na ética e nos valores morais mais elevados.

Por isso, os magos da escuridão lançam mão dos mais diversos recursos para manter a potencialidade dos símbolos de força sempre adormecida, mesmo que para isso precisem manter até oito seres em guarda sobre um virtuoso.

O mais incrível é que esses seres trevosos, para que jamais sejam afrontados por outros seres, acabam atuando como "protetores" daquela pessoa. Isso porque fazem grande esforço para proporcionar ao virtuoso grandes benefícios materiais, pois auxiliam na conquista de dinheiro, *status*, poder, sexo, lazer, promovendo um estilo de vida simplesmente sensacional aos olhos de um *bon vivant*, sem sintonia com o outro lado do **véu de Ísis**[10].

Assim, os seres das trevas mantêm-se sempre empenhados em aproximar do adormecido todas as condições materiais que o deixem ilusoriamente feliz, saudável e pleno, para que ele se mantenha a uma distância segura da porta que abre sua consciência para revelar os potenciais dormentes em seus símbolos de força. Sempre que a hipnose pela matéria for mantida, o virtuoso potencial também se manterá dormente e, com o passar dos anos, desperdiçará uma grande chance de viver em sintonia amorosa com as Fontes Divinas.

Quando Cris encerrou a sua fala foi que me dei conta da batalha que estava mais uma vez sendo travada

---

10 - Véu de Ísis é a linha que separa o mundo material do mundo espiritual. Faz referência à ilusão da matéria e é também conhecido como véu de Maia.

no ambiente extrafísico da Terra, entre a luz e as sombras, ou melhor, entre a sabedoria e a ignorância.

Agora tudo parecia mais claro para mim, pois, se por um lado movimentos cósmicos sinalizavam que mudanças significativas estavam por ocorrer, por outro lado parecia certo que a ação das sombras estava sendo intensificada. Caberia a nós conhecer um pouco mais sobre as ações dos dois lados da existência, a fim de proporcionar grandes aprendizados aos leitores.

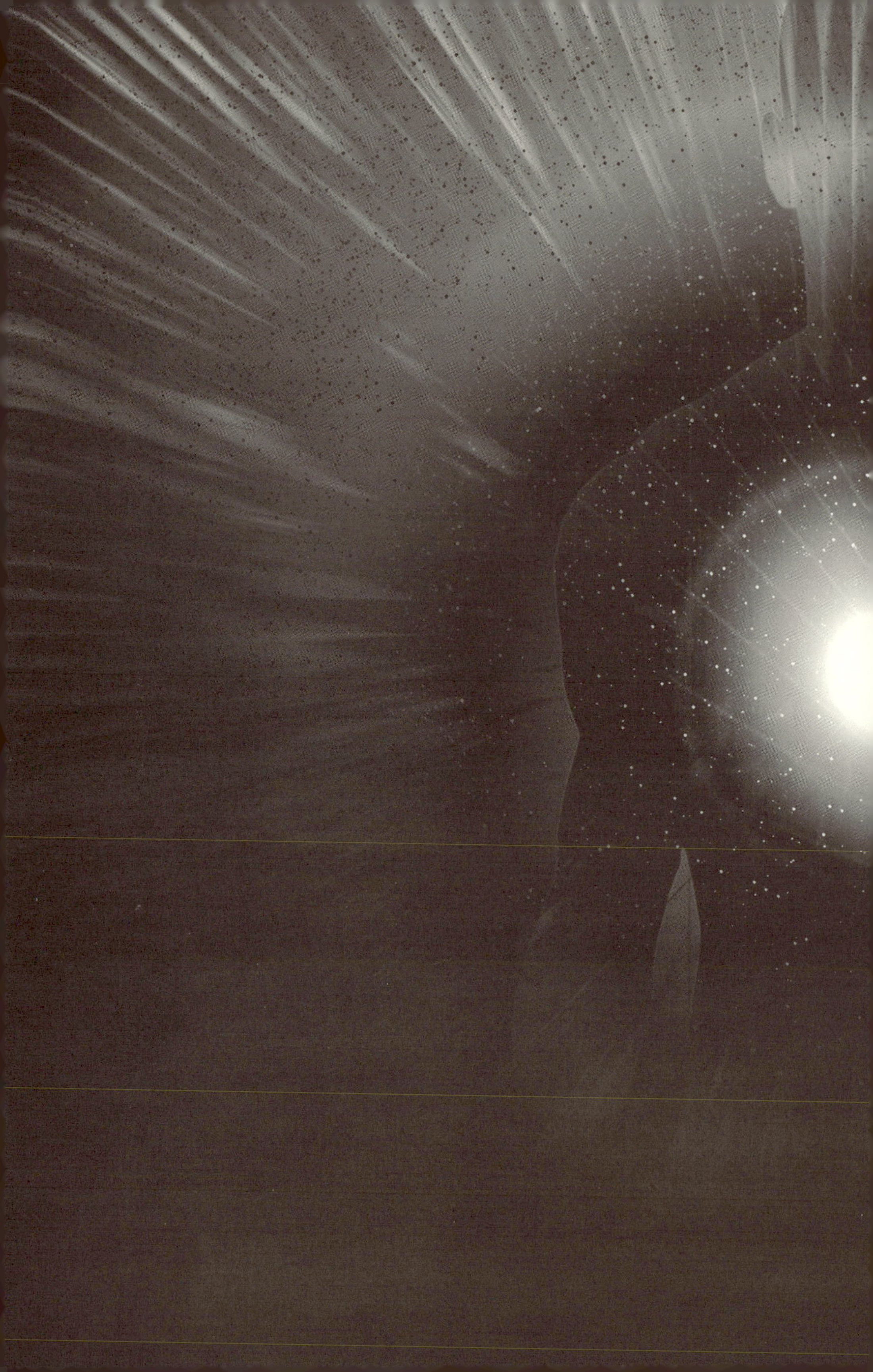

*Os símbolos de força são como medalhas de honra ao mérito que anunciam a patente da escala evolutiva do ser humano.*

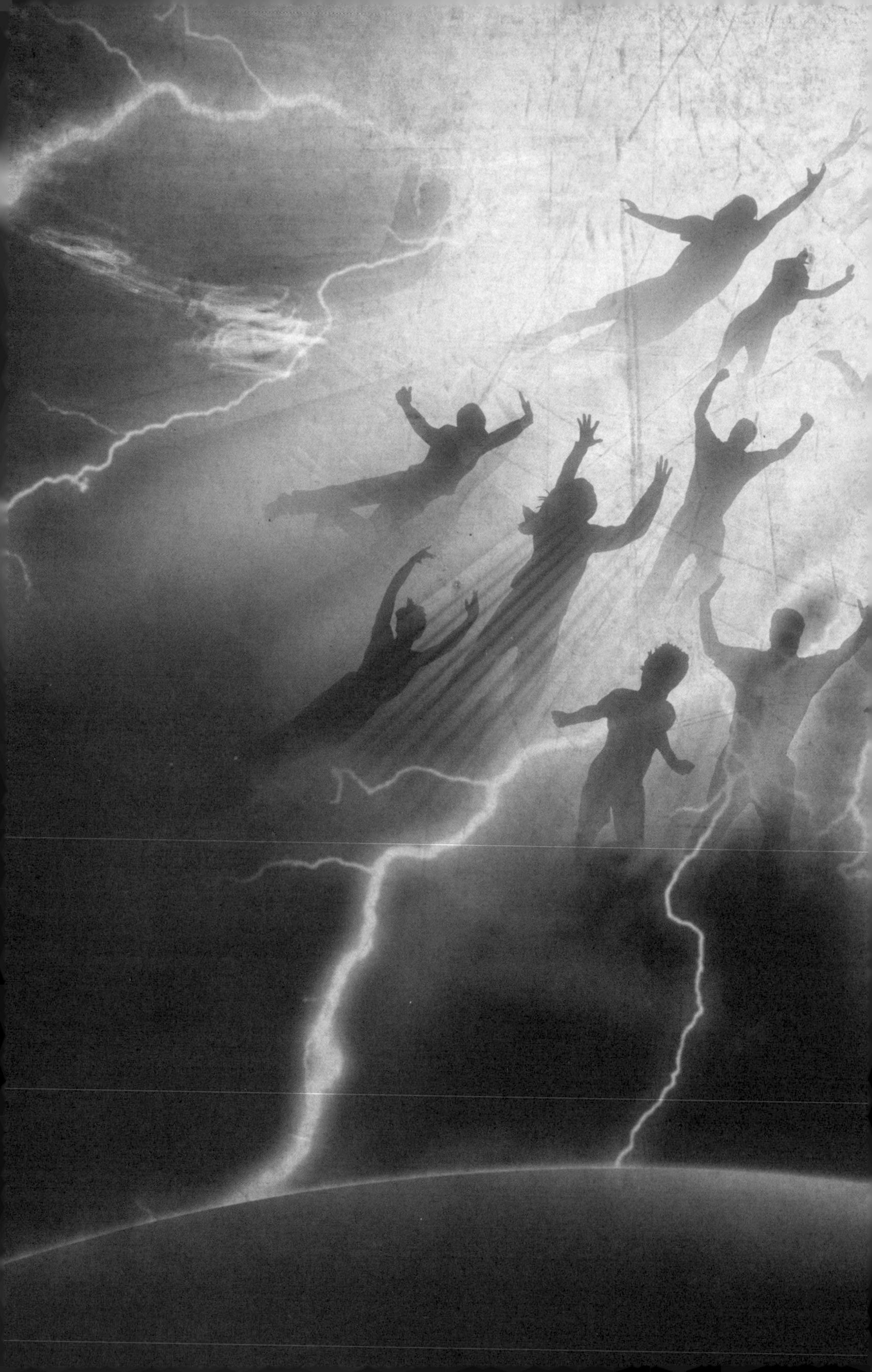

# A MISSÃO
# DOS INICIADOS

*Encontrei-me com* Cristopher logo após adormecer, porque, quando o meu corpo físico dormiu, o meu corpo espiritual acordou para a dimensão extrafísica da existência pelo processo da Projeção Astral.

Cris estava em uma sala muito bonita, sentado ao lado de uma mesa redonda de madeira. Ele já me esperava sorrindo, vestindo um traje branco discreto, com alguns detalhes dourados nos punhos das mangas e na gola. Trata-se de um lugar muito bonito e realmente acolhedor para todos os que gostam de estudar assuntos relacionados às leis universais.

Sentei-me ao lado dele, que, sorrindo, apertou minha mão com a ternura de sempre. Ele sorria porque já sabia que eu tinha muitas perguntas – afinal, depois da sua última aparição, em que ele revelou o projeto deste livro, não tivemos mais nenhum encontro. Como naquela ocasião a conversa fora longa e intensa, nem tivemos muito tempo para que, como de costume, eu sabatinasse meu amparador com perguntas sobre os assuntos revelados na última narrativa.

Envolvido nesse excelente clima oferecido pelo local em que ele me esperava, iniciei nossa conversa:

– Fiquei muito impressionado com as possibilidades que os símbolos de força podem promover no âmbito da evolução da humanidade. Sempre fui otimista quanto aos anos vindouros e sua importância na tarefa de clarear as consciências de todos os seres, mas não imaginava que isso fosse se processar tão rapidamente, conforme comprovei na palestra que presenciamos no último encontro.

— Isso é só o começo, Bruno, pois temos muito para entender ainda sobre os planos dos seres de Luz para a evolução da humanidade no período atual. O que já sabemos é que, embora todos os movimentos cósmicos estejam favoráveis para que os seres humanos despertem realmente para as verdades espirituais, ainda assim sabemos que não será um processo tão simples, pois, como já foi comentado, a alienação espiritual é como um vírus que não para de se multiplicar. No mundo físico existem muitos estímulos por todos os lados fazendo com que as pessoas mantenham-se sempre muito desconectadas de valores mais elevados, o que dificulta muito os movimentos para a evolução da consciência planetária.

— O que pode ser feito para mudar essa realidade? — perguntei quase sem esperá-lo terminar de falar.

— Tudo pode ser feito — respondeu Cris, com a costumeira ternura.

— Nós estamos diante de uma movimentação sem precedentes na história do planeta Terra, portanto qualquer ação que façamos no sentido de promover maior consciência espiritual já será válida.

Eu ouvia passivamente os comentários de Cris sobre

as perspectivas atuais de evolução da humanidade, mas o que eu queria mesmo era saber maiores informações sobre os símbolos de força. Adivinhando meus pensamentos, o nobre amigo remanejou o teor da conversa e logo começou a dizer:

– É por isso que estamos mais uma vez juntos trabalhando para compreender melhor uma entre as ilimitadas formas usadas pelos seres de luz para auxiliar a humanidade: o despertar dos símbolos de força.

Cris percebeu imediatamente que me animei com os novos rumos que a conversa tinha tomado e assim deu um tempo para que eu pudesse fazer perguntas.

– Então os símbolos de força que estão adormecidos precisam ser estimulados? Todos os seres que têm símbolos de força são realmente iniciados? E quem não tem um símbolo de força é alguém inferior aos demais que os têm?

– Da mesma forma que um grão quando plantado em um solo fértil, o qual, ao ser regado, deverá germinar, uma pessoa portadora dessa força adormecida, se for corretamente estimulada, deverá liberar todo o seu poder pessoal, todo o seu magnetismo e toda a sua energia de realização. Mesmo assim, tudo tem o tempo certo para acontecer e quem determina isso é a própria pessoa quando decide viver para encontrar e realizar a missão da sua alma ou quando entende que é melhor viver a vida conhecida como normal, que nesse caso quer dizer "sem dar atenção aos valores espirituais".

— Refletindo sobre os seus comentários, eu concluo que você escutou a minha prece de ontem à noite, não é mesmo?

— Sim — disse Cris.

Ele sorriu concordando com a minha afirmação. Digo isso porque eu estava muito confuso, muito cheio de perguntas sobre o tema símbolos de força, então, no dia anterior, ao me preparar para dormir, rezei pedindo maiores esclarecimentos sobre o assunto e, pelo que percebi nas explicações de Cristopher, ele já estava atendendo aos pedidos feitos em minha prece. Aguardando um breve tempo para que eu concatenasse minhas ideias, Cris continuou:

— Essa revelação a respeito dos símbolos de força precisa ser absorvida com sabedoria e tranquilidade, porque, na essência da palavra, um iniciado não é uma pessoa que tem superpoderes, mas sim alguém que vive seu propósito plenamente. Dessa forma, podemos encontrar pessoas que não possuam símbolos de força adormecidos em suas almas, todavia vivem suas missões com fé, devoção e com foco nos propósitos maiores. Ser iniciado é o mesmo que viver a sua melhor face, fazer o que de melhor pode ser feito. Por isso, mesmo que uma pessoa não tenha símbolos de força em sua alma, ainda assim ela poderá ancorar um núcleo de consciência que pode impulsionar-lhe a grandes feitos. São os NECs, Núcleos Energéticos de Consciência

– comentados no livro *Ativações espirituais* –, que podem ancorar na alma da pessoa incontáveis qualidades.

Nessa visão podemos concluir que de nada adiantará uma pessoa possuir símbolos de força se esses não forem despertados para os propósitos mais elevados. Todo cuidado com a vaidade e o ego é pouco.

Um iniciado é um ser que carrega consigo uma força que foi criada e sustentada por ele próprio, seja na vida atual, seja na vida passada. Claro que, se essa energia já estiver armazenada por conta de seus sucessos encarnatórios em vidas passadas, as suas possibilidades serão ainda maiores, ou seja, se, além de a pessoa viver na existência atual com foco em sua missão, ela tiver a força acumulada de encarnações anteriores, então seu poder será muito maior. Essas pessoas, quando despertam seus potenciais, seguramente fazem a diferença onde vivem, pois sempre contribuem para transformar o mundo em um lugar melhor para se viver.

Avaliando o comentário de Cris, mergulhei em profundas reflexões sobre o tema; assim, naturalmente cheguei a algumas conclusões. A primeira delas é que ter símbolos de força é algo magnânimo, porque a força que pode ser despertada naturalmente fará da pessoa uma transformadora do mundo. Outra conclusão é que a responsabilidade de um iniciado é sempre maior, porque seu compromisso interno é grande em face das possibilidades que ele tem a oferecer ao mundo. Em outras palavras, muito se espera de um iniciado, porque ele tem muito com que contribuir para a melhoria do mundo. E a conclusão mais significativa é que de nada adiantará a pessoa ser uma iniciada se ela não fizer a sua parte, que nesse caso significa despertar para as verdades de sua alma.

Cristopher parecia ler meus pensamentos, porque, à medida que eu refletia em silêncio, ele consentia com um gesto afirmativo para cada conclusão a que eu chegava. E assim ele continuou falando:

— Todo ser humano vivente no planeta Terra deve concentrar-se na tarefa de curar as inferioridades de sua personalidade. Para as esferas superiores, nas dimensões extrafísicas da nossa existência, fica claro e óbvio que a missão de cada espírito encarnado é a cura das emoções inferiores. Entretanto, para quem vive na dimensão física, esse objetivo não é claro. São comuns entre os seres humanos a distração e a alienação espiritual, o que significa o esquecimento da real finalidade de uma existência, também chamada de encarnação.

— A missão de cada ser é a busca do equilíbrio, que deve ser conquistado pela expansão do amor, porque esse nobre sentimento sempre carrega com ele uma avalanche de benefícios, como o perdão, a tolerância, a humildade, a alegria, a gratidão, o otimismo, a confiança, a autoestima, entre outros.

— Por isso nenhuma pessoa que vive na Terra será realmente feliz até que aprenda a transformar as suas emoções negativas em positivas.

Ouvindo atentamente seus comentários, interrompi para questionar algo sobre o qual eu vinha refletindo. Assim eu indaguei:

— Eu me preocupo com as pessoas que vão ler esse livro e por consequência se concentrarão em querer saber se são iniciadas e quantos símbolos de força elas têm. Depois disso, acredito que muitas irão ficar se vangloriando perante os demais, dizendo que é uma virtuosa ou iniciada, portadora de diversos símbolos de força. Na comunidade espiritualista, existem muitas pessoas fascinadas, as quais se esquecem de viver suas vidas focadas na missão de suas almas e acabam se concentrando em coisas fúteis ou egocêntricas. Portanto, acredito que essa informação sobre os símbolos de força despertará muitas guerras de vaidades. Não acha que devemos considerar isso?

— Sim! – respondeu Cris.

— Temos a perfeita visão de que essas tendências podem aflorar da alma das pessoas com esses padrões a serem curados, de fascínio e de vaidade. Mas o que a Alta Espiritualidade pensa é exatamente o oposto. Digo isso porque, quando os viventes da Terra abandonam seus corpos físicos e retornam ao plano espiritual após o período de uma vida, a maioria sente muita vergonha e arrependimento por terem encontrado tantas possibilidade que não foram aproveitadas. Dessa forma, para os seres de luz, um virtuoso é alguém com grande desafio, porque dele se espera muito e por isso pode ser vergonhoso ter tamanho poder, mas mesmo assim não despertá-lo para os propósitos maiores. Além disso, sabemos que os mecanismos naturais de aprendizados impostos na vida de alguém excessivamente vaidoso ou egocêntrico em algum momento lhe recobrarão a razão. Por isso, não se preocupe, porque tudo andará conforme tem de ser e toda alma que focar sua atenção na cura de suas emoções encontrará êxito, porque esse é o motivo maior da existência para cada ser encarnado. Toda ação de vida que atue no sentido contrário dessa meta configura-se como perda de tempo. Pouco de tudo que for feito na vida de qualquer pessoa poderá ser aproveitado se não for realizado no sentido da busca desse equilíbrio.

Ser iniciado é domar os instintos inferiores e viver concentrado na realização da missão da sua alma.

Portar diversos símbolos de força é apenas uma virtude potencial, que só poderá ser utilizada através de uma vida vivida com propósitos elevados, sintonizadas com as vontades do Grande Espírito Criador.

Esse é o desafio de qualquer iniciado: viver de forma condizente com o seu poder interior, porque, se não for assim, ele não terá nenhum motivo para se vangloriar da condição de ser um virtuoso.

Ser iniciado é o mesmo que viver a sua melhor face, fazer o que de melhor pode ser feito.

Toda alma que focar sua atenção na cura de suas emoções encontrará êxito, porque esse é o motivo maior da existência para cada ser encarnado.

Ser um iniciado é domar os instintos inferiores e viver concentrado na realização da missão da sua alma.

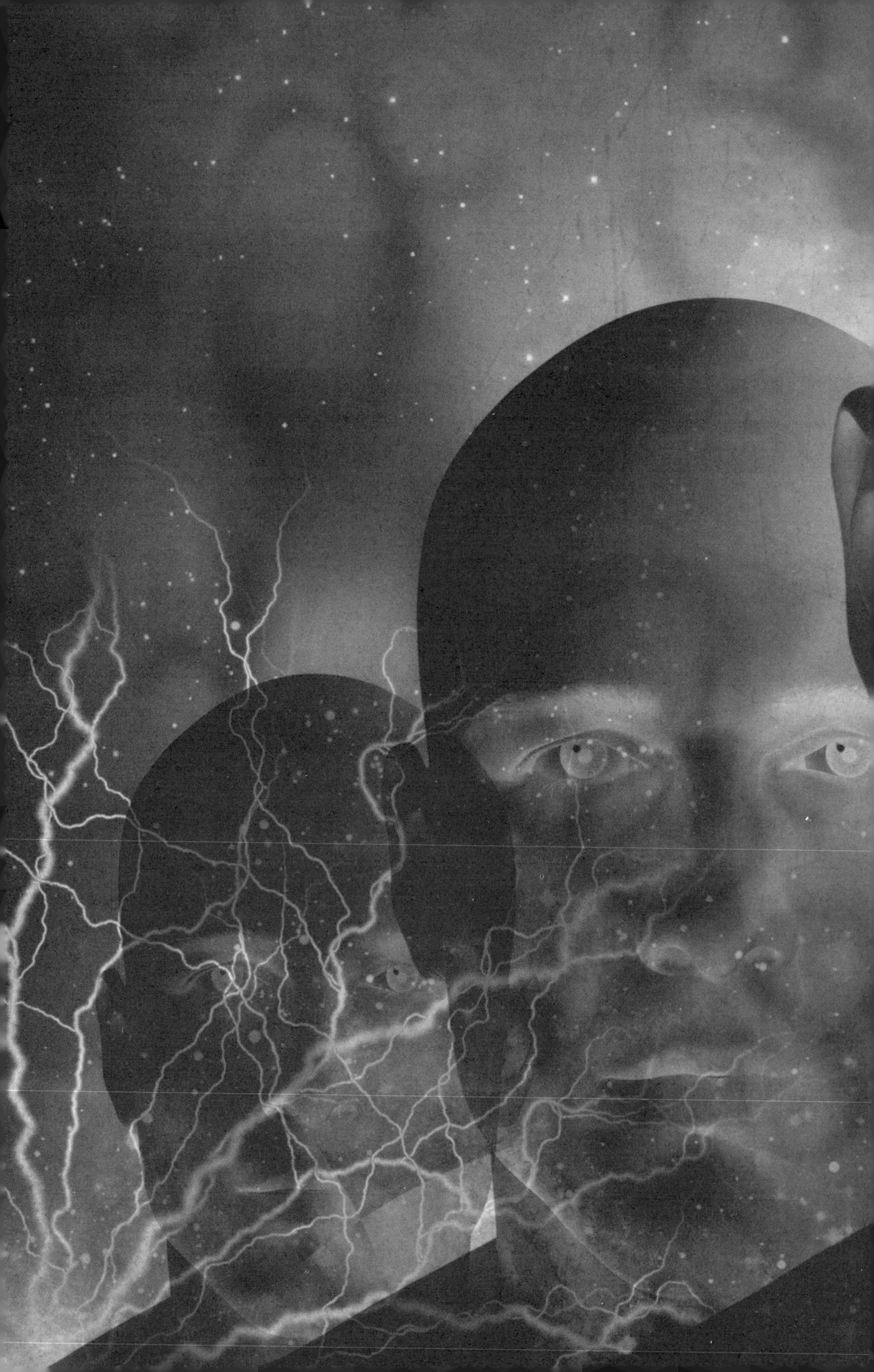

# O RACIONALISMO ESPIRITUAL

*Encontrei-me em* projeção com Cris, que, sem demora, me disse que iríamos visitar um lugar muito interessante no plano espiritual. Tratava-se de uma espécie de centro de tecnologia.

Relaxei, confiei na luz maior e no amparo do amigo Cristopher. Em segundos nos vi adentrando os corredores de acesso do que parecia um recinto muito bonito e sofisticado.

Notei imediatamente que estávamos em um lugar de vibrações elevadas, principalmente em razão do estado de bem-estar que me envolvia.

Os corredores de acesso ao local eram muitíssimo interessantes, pois tinham suas paredes construídas de um material semelhante a vidro espelhado na tonalidade de azul. Esse acesso era um tipo de cubo, porque pude ver as dimensões do chão, do teto e das paredes como faces que davam origem a esse cubo que formava a entrada do local que visitávamos.

Eu podia ver através dos vidros espelhados uma intensa atividade de trabalhadores em diversos laboratórios. Quase todos eles vestiam roupas brancas como um uniforme padrão. Na confusão dos meus pensamentos, cheguei a pensar que estávamos em um hospital; entretanto, mais tarde, pude ver que era algo bem diferente.

Ao final do corredor em forma de cubo, chegamos ao

local de uma recepção. Algumas pessoas estavam do lado de dentro do balcão. Elas nos saudaram amistosamente.

Sem que eu percebesse, chegou por nossas costas **Aurélio**[11].

Ele nos cumprimentou com grande demonstração de alegria e cordialidade. Tocou em minha cabeça com carinho e bom humor, dando boas vindas a nós.

Quem via a descontração que ele estampava no rosto nem podia imaginar o nível de responsabilidades que ele tinha ali naquele local, tal era a serenidade que ele mostrava em sua expressão corporal.

Sem demora, Aurélio nos conduzia a um *tour* pelo recinto que era de uma beleza sem igual. Não me refiro a uma beleza natural como a de uma mata, cachoeira, serra, vale ou riacho de água cristalina; nesse caso, refiro-me a uma beleza sofisticada, de amplo esmero tecnológico. Parecia que estávamos visitando os estúdios de filmagem de uma produção cinematográfica futurista. Tudo era organizado, automatizado e dispunha da mais alta tecnologia em todos os detalhes. Eu via pequenas luzes, dispositivos de controle, portas automáticas, por todos os lados daquele

---

11 - Um ser de grande estatura, magro, cabelos dourados, encaracolados, olhos castanhos. Aurélio está sempre envolvido com sistemas tecnológicos da dimensão espiritual, sempre voltados à evolução da humanidade.

centro de tecnologia. Eram muitos técnicos atuando nas mais diferentes salas, todas feitas em vidro. Embora fosse um contingente expressivo de técnicos e especialistas, entre homens e mulheres, adultos e adolescentes, o silêncio e a concentração eram a identidade marcante do local.

Fiquei atordoado, não sabia para onde olhar. Eram tantas coisas para serem observadas e relatadas que eu não sabia o que fazer primeiro.

Continuávamos caminhando pelos longos corredores do local, seguindo o nosso anfitrião até uma sala na parte superior daquele prédio de vários andares. Chegamos a um recinto todo envidraçado, como os demais, entretanto essa sala mais parecia um jardim de inverno, tal a luminosidade solar que incidia ali, além da presença de algumas plantas.

Aurélio nos convidou para sentar nas cadeiras de uma mesa de reunião, e assim que nos acomodamos ele começou a falar:

– Em primeiro lugar queria agradecer a disponibilidade de vocês em aceitar o meu convite para virem até aqui. Considero que o trabalho que fazemos neste centro de pesquisa precisa ser esclarecido para o público do livro que estão preparando. Dessa forma compreendi que seria muito proveitoso se vocês pudessem visitar as imediações do nosso recinto, com o propósito de narrar aos leitores os nossos objetivos por aqui e, em especial, que possamos contextualizar nosso trabalho com o projeto maior da alta espiritualidade.

– Que coisa boa! Fiz o comentário sem conter a alegria que vertia do meu coração.

Aurélio e Cris riram da minha reação e de meu jeito de me expressar, o que já não era novidade para eles.

Expressei a minha alegria e o meu respeito retribuindo com igual gratidão o convite de Aurélio.

– Eu é que me sinto agradecido com o convite! Além disso, posso dizer que darei o melhor de mim para relatar o que for necessário nas páginas desse livro.

– Agradeço também a você, Cris, por mais uma vez me conduzir por um mundo inimaginável de descobertas e aprendizados.

Cris retribuiu meu agradecimento com um sorriso tímido. Depois disso, Aurélio continuou:

– Antes de falar sobre esse centro de pesquisa, gostaria de discorrer sobre o processo de avanço tecnológico pelo qual a humanidade vem passando e a sua importância no contexto da evolução espiritual.

Não é novidade para ninguém que a aura de uma pessoa, que é o seu campo energético ou corpo espiritual, é moldável, flexível, pois pode expandir-se ou contrair em função da natureza dos pensamentos e dos sentimentos que o indivíduo exprime. O corpo espiritual é constituído de um material sutil de natureza muito diferente da matéria orgânica que forma o corpo carnal. Além disso, é importante dizer que o cérebro humano não é a mente.

O cérebro é o codificador dos impulsos da mente, pois ele é o receptor da comunicação entre o corpo espiritual e o corpo físico.

Essa introdução se faz necessária para explicar algumas questões que estão em vigor no período atual da humanidade, como, por exemplo, "Por que estamos em um período de aceleração tecnológica tão alucinante? Por que a era da informação, da tecnologia, dos computadores e da internet avança tão velozmente?".

O cérebro físico ainda é muito limitado para conseguir processar todas as informações que o espírito capta e que deseja transmitir ao corpo. Podemos dizer que o cérebro humano, na constituição atual, ainda está longe de conseguir interpretar tudo que recebe da mente. A estrutura física do cérebro humano vem mudando, porque o DNA espiritual também o vem. Essa é uma transformação necessária aos encarnados, para que, em um futuro muito breve, consigam desfrutar de maiores possibilidades no campo das faculdades psíquicas e dos potenciais de cada um.

É por isso que o planeta como um todo, nos últimos tempos, especificamente nos últimos trinta anos, vem avançando velozmente no campo da informação, da comunicação e da tecnologia, porque nosso cérebro vem sendo treinado para novas adaptações importantes no cenário da evolução humana e suas futuras necessidades.

Em outras palavras, o cérebro humano está em fase de ajuste para tornar-se mais eficiente.

Impressionei-me com o tema apresentado por Aurélio, que nesse instante deu uma pequena pausa para que concatenássemos as ideias. Depois da breve pausa, Aurélio continuou:

– O lado ruim dessa tendência é que, uma vez que o cérebro é superestimulado, o raciocínio mental naturalmente se torna preponderante à expressão do amor – por exemplo, o que pode promover atitudes separadas de valores espirituais tão necessários. Se por um lado os seres humanos têm recebido inúmeros e constantes estímulos de transformação mental, por outro lado ele pode estar se afastando da sua expressão de amor, porque basicamente está deixando que sua energia fique centrada no seu campo mental.

Um dos desafios da humanidade atual é receber toda essa carga de necessidades de ajustes sem que haja um esquecimento da contraparte amorosa que confere equilíbrio vital ou Divino a todo ser.

Os novos ventos que sopram da Obra Maior do Grande Espírito Criador, também chamada de transição planetária, têm em si a característica da essência amorosa, mas o ser humano, de forma geral, está tão centrado em um tipo de racionalismo "cego" que não está se permitindo equilibrar suas forças vitais. Quando ele centrar sua força apenas na energia mental, tornar-se-á doente, desequilibrado e enfraquecido, em consequência da carência da energia amorosa.

O período da transição planetária aponta um horizonte em que naturalmente o homem encontrará a face mais polida de sua alma, pela ação das ondas de amor que surgem do Coração do Grande Espírito Criador, mas, para o tempo terreno, esse ajuste ainda pode levar no mínimo trinta anos. Portanto, se o ser humano entender a importância de manter o equilíbrio entre o amor e a mente, ele certamente promoverá uma aceleração desse processo benéfico que está por vir, de forma equilibrada, e assim sendo, salutar.

Sim, sim! Eu concordava plenamente com um gesto de cabeça, porque tudo parecia muito pertinente.

E Aurélio continuou:

– As definições entre razão e mente também precisam ser mais bem esclarecidas. No ambiente terreno ou na vida física, quando falamos de razão, de forma coloquial, podemos dizer que razão não necessariamente seja algo bom. Isso porque, na linguagem popular, às vezes o termo **razão** é empregado para indivíduos céticos, materialistas, que não consideram as verdades espirituais. Por isso há certa resistência ao termo razão, porque, de forma simplista, e nos últimos tempos, ele vem passando a ideia de centramento mental desconectado dos sentimentos. Entretanto, para nós, no plano espiritual, a razão é tudo!

A razão é exatamente a união do coração e da mente, que são energias que nunca devem atuar separadas uma da outra. Quando olhamos a razão de forma profunda, acessamos os nossos registros internos, a parte divina que vive em cada um, e, quando fazemos isso, enxergamos quem somos em essência.

A razão de cada ser é o conhecimento de sua missão pessoal, é o acesso a uma espécie de **GPS**[12] interior, que diz a direção correta a ser seguida e as atitudes a serem tomadas. A razão de cada ser sempre revela os caminhos de maior simplicidade e objetividade. Em resumo, o espírito de cada ser, esteja ele encarnado ou desencarnado, tem uma programação interior, que pode, dentro desse contexto, ser chamada de razão.

Aurélio deu nova pausa para reflexões, mas logo em seguida continuou a explicação:

— O racionalismo, dentro desses termos, é tudo o que uma pessoa deve procurar, porque assim ela conhecerá seus potenciais e entenderá o caminho que deverá seguir.

Muitas pessoas – para não dizer a maioria –, quando em vida, mostram uma tendência notória em complicar suas ideias de razão ou missão de vida. Acabam complicando suas caminhadas e se perdendo em teorias tolas, em pensamentos compulsórios para teorizar a vida, e dessa

---

12 - Global Positioning System ou Sistema de Posicionamento Global

forma acabam se distraindo com as múltiplas possibilidades de uma existência. Consequentemente, perdem o foco no que é mais importante: a razão!

Na comunidade espiritualista da Terra, onde transitam as pessoas que assim se intitulam como terapeutas, escritores, pensadores, trabalhadores de centros espíritas e espiritualistas, professores ou similares, encontramos grandiosos desperdícios de energia com foco em termos como elementos multidimensionais, extraplanetários, cósmicos, com nomes imponentes ou complicados, aplicando teorias de nomes intimistas ou até fantasiosos. Essas pessoas mal sabem dizer o que significam tais teorias, iludindo-se em conceitos de alta complexidade, porque simplesmente se esquecem de que, embora o universo realmente contenha esses e tantos outros elementos, é na terceira dimensão da vida que estão os desafios do encarnado.

O desafio da humanidade é eliminar a alienação espiritual e curar as emoções negativas. Quando essa meta for alcançada, todo o resto virá por ressonância natural da nova sintonia.

É claro que a humanidade sempre foi e sempre será banhada por inúmeros tipos de amparos, de dimensões inimagináveis do cenário cósmico, entretanto todas essas vibrações só podem convergir em um ponto: a consciência de cada ser e as atitudes que são tomadas em consequência disso.

– Concordo plenamente! – interrompi Aurélio, assentindo com ênfase a sua explanação.

Depois de aguardar que eu terminasse de me manifestar, Aurélio continuou explicando:

– É por isso que eu trouxe vocês a esse local que é conhecido como **Centro de Tecnologia – Racionalismo Espiritual**, para que vocês entendessem e transmitissem no livro a importância da razão nesse contexto anteriormente explicado.

Precisamos estimular a reflexão de cada ser humano em relação à sua razão de ser e existir. Em especial, os espiritualistas como um todo precisam se concentrar no que realmente importa, porque é o que faz a diferença, é o que cura o mundo e cura a si próprios.

Depois da conclusão de Aurélio, Cris, dando a entender que já conhecia tudo o que ele havia explicado, olhou-me com ternura, como que confirmando a importância de tudo o que eu tinha ouvido.

Entendi também que aquele prédio com proporções dimensionais incríveis estava localizado na contraparte espiritual, acima da cidade de Campinas, no interior de São Paulo, e que já há muito tempo estava trabalhando de forma coesa na organização e na expansão de diversos projetos de avanço tecnológico junto aos encarnados.

Também soube por Aurélio que muitos técnicos que ali estavam preparavam-se arduamente para reencarnar no ambiente físico da Terra, com a tarefa de levar cada vez mais novas descobertas e tecnologias que contribuíssem para o bem maior e para a evolução da humanidade. Além disso, soube que muitos pesquisadores encarnados atualmente, durante o período do sono físico, têm seus corpos astrais levados ao centro de tecnologia, para que com isso recebam, em espírito, orientações sobre novas tendências tecnológicas para o mundo.

– Uau! – foi o que eu disse, como sempre animado com tantas novidades empolgantes.

Senti que nossa visita estava chegando ao fim, porque naquele momento um silêncio se instalou entre nós. Percebi que tanto Cris como Aurélio estavam em conexão com forças superiores – em outras palavras, faziam uma prece.

Aproveitei o momento, senti a energia incrível daquele instante e também agradeci a Deus e aos amigos que ali se apresentavam.

Nesse momento, ao meu lado direito, pude ver a imagem semitransparente do mestre Astrol, projetada ali, transmitindo-me um olhar de ternura e confiança.

Mergulhei na experiência e expressei ainda mais a gratidão que sentia.

E assim percebi que nossa visita realmente havia chegado ao fim. Agradeci Aurélio com um afetuoso abraço. Da mesma forma fiz com Cris, que naturalmente sorriu.

Entretanto, antes que nos despedíssemos de vez,

Aurélio pediu que eu anotasse uma espécie de cartilha que o Centro seguia, baseada em alguns aspectos que me impressionaram pela profundidade e pela simplicidade. Ou seja, quando eu achava que as bênçãos recebidas por visitar aquele incrível local estavam terminando, recebi o que considerei o mais precioso: uma espécie de lista de princípios e valores que esse maravilhoso centro adota como bússola moral.

Caro leitor, tenho certeza de que, se aplicar em sua vida essas máximas, você encontrará grandes melhoras em todos os aspectos de sua existência. Vale a pena tentar!

## OS VALORES DO CENTRO DE TECNOLOGIA – *Racionalismo Espiritual* MENCIONADOS POR AURÉLIO, SÃO:

- **Objetividade:** foco no que realmente importa.

- **Consciência:** foco na missão de cada um.

- **Autocontrole e senso de direção:** ninguém precisa ser cobrado por outra pessoa, porque tem dentro de si a força que move para o trabalho.

- **Simplicidade:** embora o universo seja amplo e multielementar, está no simples o caminho para o sucesso em todos os sentidos.

- **Alegria de existir:** uma vez conhecedor do seu propósito, também será conhecedor da plenitude, pois uma coisa está ligada à outra.

- **Verdade a cada ato**: a verdade liberta! Cada atitude deve estar em sintonia com o sentimento que a move, pois somente assim as energias essenciais são preservadas. Atitude coerente é a bússola das realizações.

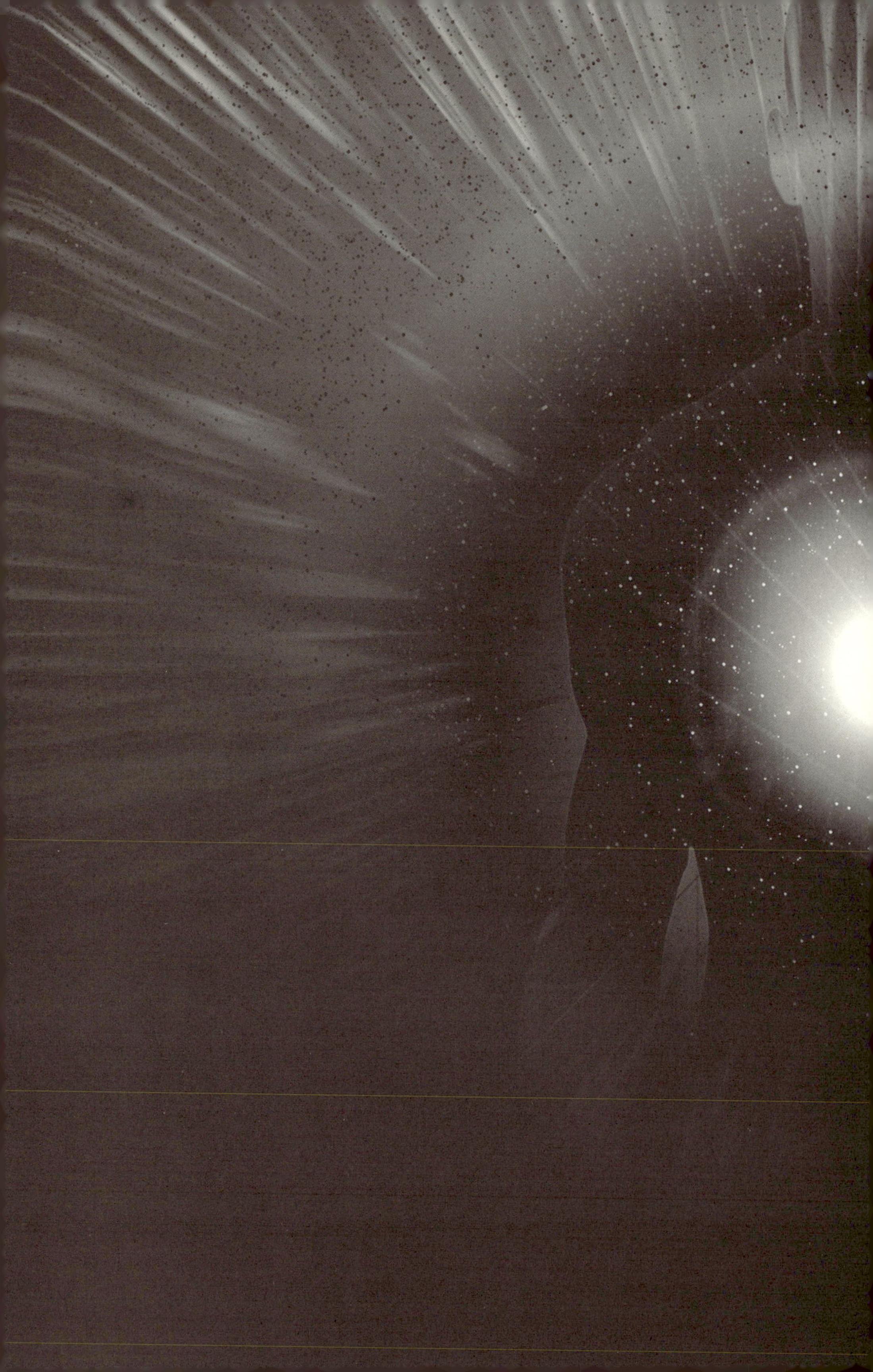

— Verdade a cada ato: a verdade liberta! Cada atitude deve estar em sintonia com o sentimento que a move, pois somente assim as energias essenciais são preservadas. Atitude coerente é a bússola das realizações.

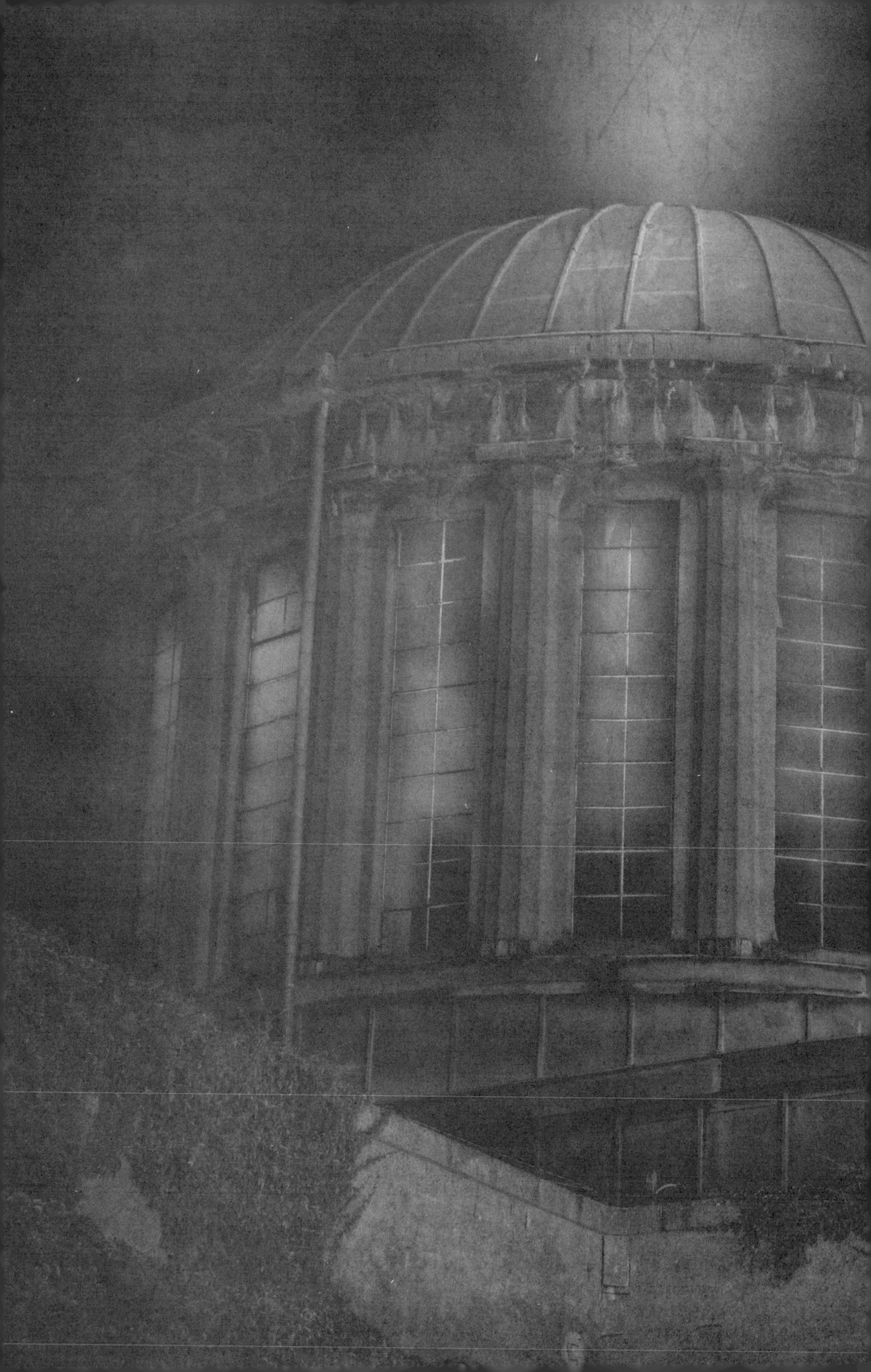

# UM INICIADO ADORMECIDO!

*Meditando em meu sofá*, senti a presença do amparador Cris, que me convidou para conhecer a história de Renato, um iniciado que, reencarnado atualmente, não estava entendendo as suas responsabilidades na existência presente; pior ainda, ele estava sucumbindo à ação obsessiva das sombras.

Intuí que esse relato deveria ser incluído no livro. Relaxei, expandi minha consciência, e sem demora as imagens da história que narrarei a seguir começaram a surgir em minha "tela mental". A partir de agora, contarei a história de Renato tal e qual me foi mostrada na experiência espiritual amparada por Cristopher.

– Acorda, Renato! – falou Ana várias vezes, já quase perdendo a paciência.

Em sua embriaguez de sonolência, ele ainda mal conseguia abrir os olhos. Ana o tirava da cama para que eles pudessem fazer as tarefas que tinham combinado no dia anterior. Era uma manhã de sábado, dia em que normalmente faziam muitas coisas juntos.

Ana já estava furiosa, porque havia passado na casa do namorado quase às 10 horas da manhã, acreditando que ele já estivesse pronto, esperando por ela, mas não foi o que ela viu. Como não era "boba", logo percebeu que Renato havia saído com os amigos na sexta-feira para beber, tais eram seu estado e sua indisposição.

Ana já estava preocupada com ele, não porque ela tinha medo de ser traída ou trocada por outra mulher, já que sabia do amor que sentiam um pelo outro, mas porque ela estava apreensiva com os exageros de Renato com as bebidas e com a boemia ao lado dos amigos.

Ela também sabia que todos da turma dele eram pessoas legais, pessoas de bem. Exatamente por isso, a única coisa que a preocupava era a alienação que eles tinham em relação ao mundo.

Ela queria se casar com Renato, pois já namoravam há oito anos. Ele era um bom moço, bom filho, bom namorado, mas, quando ela pensava no futuro que poderia ter ao lado de um homem com hábitos nada saudáveis, ela se sentia insegura.

O casal vivia em casas separadas, em uma cidade do interior de São Paulo, uma região muito convidativa para as diversões, para as festas entre amigos e para os famosos *happy hours* que lotavam lanchonetes, bares, restaurantes e choperias no final das tardes.

Ana gostava de sair às vezes com a turma, mas fazer disso uma rotina quase diária já era demais para ela!

— Cerveja demais não deixa a pessoa pensar direito — era o que sempre dizia Ana após as noites em que Renato saía para beber com os amigos.

Ana e Renato eram inteligentes, esforçados e bem-sucedidos para a idade deles. Ela tinha 29 anos e ele, 28.

Os dois eram bem empregados, já tinham completado o nível de ensino superior e eram independentes financeiramente.

Ana era uma pessoa muito intuitiva, espiritualizada, que olhava o mundo sempre de forma muito consciente quanto às verdades universais, ao amor, ao propósito de cada um na Terra e em especial sobre a presença dos Seres de Luz e das Trevas na experiência da vida.

Desde cedo ela sempre manifestou um algo mais quanto à sua sensibilidade espiritual e, para contribuir, Dona Eulália, sua mãe, sempre a estimulou na busca de sua espiritualidade e da conexão com Deus.

Renato, como já dito, era um bom rapaz. Trabalhava bastante, era dedicado como filho, como namorado e como amigo. Era uma alma nobre, um sujeito do bem, entretanto era alienado para as questões espirituais. Ele não queria pensar no assunto, não queria assumir nenhuma responsabilidade sobre causas de amparo ao próximo, também não se achava nem um pouco sensível ao extrafísico – pelo menos era o que ele dizia. A realidade é que ele sempre fugia de ter que enfrentar sua mediunidade, que vez por outra lhe "pregava algumas peças".

Uma vez, ao entrar no banheiro de um bar, foi lavar o rosto e arrumar o cabelo. Quando olhou no espelho, a imagem que apareceu refletida não foi a dele, mas a de um ser com um capuz negro, que somente deixava mostrar os olhos vermelhos. A figura era tão sinistra que Renato deu um grito de susto. No mesmo instante, ele olhou de novo e nada mais surgiu senão a sua própria face refletida no espelho.

Situações como essa aconteciam muitas vezes em sua vida, mas ele insistia em não dar atenção, achando que era "coisa de sua cabeça".

Certa vez, ele exagerou tanto na bebedeira que, quando o bar fechou, ele não tinha forças para sair do ambiente. Os funcionários do estabelecimento exigiram que ele saísse, entretanto o deixaram acomodado em um corredor ao lado, que era uma área semiaberta. Assim, até que ele recuperasse as suas forças, os funcionários do bar entendiam que ele ficaria mais protegido de qualquer assédio de pessoas, já que ele estaria escondido, pois, na condição de bêbado, ele se tornaria mais propenso a situações de assalto ou de violência física e moral.

Então, Renato ficou para fora, naquele corredor, segurando uma garrafa de cerveja, até que, logo depois, chegou um rapaz, chamado Eusébio, que lhe fez companhia por algumas horas. Renato conta que deu sua garrafa de cerveja para Eusébio, pois este estava com muita vontade de beber. Renato cochilou por alguns minutos naquele corredor e, quando acordou, Eusébio não estava mais lá.

Com vergonha da situação e vendo que o dia já estava por amanhecer, ele se levantou, arrumou o que pôde das suas roupas e dos seus cabelos, pois estavam em péssimas condições, e saiu em direção à rua, para tomar o primeiro táxi que surgisse rumo à sua casa.

Alguns dias se passaram e ele contou para Ana o ocorrido e que o novo amigo Eusébio tinha ficado com ele naquele corredor. Não haveria nada surpreendente na história se eles não descobrissem, alguns dias depois, que Eusébio, o rapaz que lhe fez companhia, havia desencarnado um ano antes, acometido por um problema nos pulmões. Descobriram isso nas páginas de um jornal, olhando a foto e a história do homem, que, mesmo tendo seu desencarne se consumado um ano antes, era a mesma pessoa que aparecera para tomar uma cerveja e fazer companhia a Renato naquela ocasião. Eles ficaram completamente assustados por vários dias. A notícia no jornal investigava três mortes em um hospital da cidade, que poderiam ter sido causadas por negligência médica. Entre esses casos, estava o de Eusébio.

Ana rezava fervorosamente, pedindo intervenção do Alto, mas Renato preferia a passividade, tentando se enganar, pensando que tudo não passava de um delírio de sua cabeça embriagada pelo álcool.

E é nesse cenário que a história de Renato se desenrola. Poderíamos dizer que a história dele não é muito diferente da de milhares de outras pessoas que vivem mundo afora com o perfil semelhante. Tudo poderia ser considerado normal – pelo menos no que tange aos padrões atuais de uma sociedade – se Renato não fosse um iniciado com mais de três símbolos de força adormecidos em sua matriz espiritual. E é por isso que fomos convidados a conhecer a história dele!

Enquanto entrava na história de Renato para poder narrar os fatos neste livro, Cristopher me explicou, de forma sucinta, como ele havia conquistado esses símbolos de força ao longo de suas encarnações.

Em determinada encarnação, Renato executara um brilhante papel em uma cidade inglesa. Ele promoveu uma revolução na forma de lidar com finanças e na maneira como aquela cidade se organizou economicamente para enfrentar seus desafios e melhorar a qualidade de vida de sua população. Nessa experiência de vida, ele fez a diferença e viveu até seus últimos dias de encarnado focado em seus propósitos superiores. Começou como um assessor da prefeitura e mais tarde acabou se tornando uma autoridade no assunto em sua região. Naquela vida ele armazenou, em sua matriz espiritual, um importante símbolo de força.

Em outra experiência de vida, ele fazia parte de um pequeno povoado em uma região próxima ao Havaí, há mais de cem anos.

Seu povoado seguia as tradições espirituais e culturais de seus antepassados. Naquela tradição, acreditavam que Deus lhes dava tudo (o que é verdadeiro), mas que, para receberem de Deus, não necessariamente precisariam trabalhar ou se esforçar muito para conseguir.

Alguns anos se passaram, e grande parte da população começou a adoecer por diferentes motivos. O sofrimento se instalou entre o povoado. Os anciões mais experientes eram resistentes à ideia de buscar ajuda, onde quer que fosse, pois estavam enraizados na ideia de que Deus traria ou resolveria tudo, e assim ficaram passivos esperando a solução chegar.

Renato, encarnado naquela época como um jovem de dezessete anos, mesmo sem o consentimento dos mais experientes, saiu de sua aldeia em busca de ajuda. Durante dois anos, aprendeu com uma curandeira, que vivia um pouco distante de sua região, formas de curas naturais que transitavam entre o campo físico, o mental, o emocional e o espiritual. Ele aprendeu tudo o que pôde em dois anos e, quando voltou para seu povoado, promoveu incríveis curas com seus novos conhecimentos. Além disso, produziu uma quebra de paradigmas entre seus mestres sem precedentes para aquele povo.

Naquela encarnação, viveu até quase oitenta anos ensinando técnicas de curas nativas que envolviam os mais variados elementos da natureza. Além disso, viveu uma vida inteira procurando passar aos demais a ideia de expansão da consciência, da ampliação dos horizontes do pensamento e do desapego a antigos hábitos. Por esse sucesso encarnatório, Renato assimilou mais um importante símbolo de força em sua matriz espiritual.

Soube também, por intermédio de Cristopher, que Renato conquistou outro símbolo de força, em uma época muito remota. Cris me disse que, por motivos que fogem ao meu alcance, essa encarnação de Renato não precisaria ser revelada nessa narrativa, mesmo porque as duas outras já eram mais do que suficientes para mostrar o potencial de Renato e dar a noção de contexto de que precisávamos.

Ainda segundo Cris, Renato estava atualmente encarnado naquela cidade do interior paulista, com propósitos bem definidos de estimular uma expansão do pensamento por onde quer que ele passasse. Ele deveria estimular as pessoas a fazerem mudanças e a reformarem padrões de conduta. Seu potencial latente é de transformação, de crescimento, de renovação por força da criatividade. Tudo isso está presente em seus símbolos.

Renato é aquele tipo de alma que qualquer empregador gostaria de ter em sua equipe. Um administrador criativo, vibrante, versátil e muito, muito visionário. Onde quer que Renato esteja, se ele usar o seu potencial, fará verdadeiras revoluções no pensamento coletivo por força de sua capacidade de inovar. Entretanto, não era isso que o víamos fazer, porque estava adormecido no sentido consciencial!

Renato estava acomodado, vivendo uma rotina que

simplesmente sufocava seu potencial. Na verdade, ele mesmo é que permitia essa condição, porque se deixava levar pela rotina, enquanto ele é que deveria ser o maior destruidor (no sentido positivo) de rotinas ultrapassadas.

O seu maior erro: a alienação espiritual!

Sempre que alguém simplesmente ignora a dimensão espiritual ou desconsidera a interação com energias mais sutis, esse alguém produz o combustível necessário para que as engrenagens que conduzem o poder das sombras se movimentem. Sim! A alienação espiritual é a porta de entrada para as sombras na vida de qualquer pessoa.

Renato não percebia, ou não queria perceber, mas já fazia alguns anos que ele estava sendo completamente envolvido por espíritos interessados em seu comodismo. A ação dos seres das trevas acontecia no sentido de não permitir que ele despertasse para sua missão e acreditasse no seu potencial.

Muitas vezes Renato sentia uma vontade enorme de mudar o mundo, de fazer alguma coisa que valesse a pena. Contudo, imediatamente após essas inspirações, um agente das sombras, de forma rápida e ardilosa, agia em sua mente sussurrando palavras como:

"Pare com isso, você não consegue mudar o mundo sozinho. Deixe isso para lá, porque você já tem muita coisa para cuidar na sua vida. Não esquente a cabeça, relaxe um pouco. Vá tomar uma 'gelada' para esfriar a cabeça, porque você merece".

Frases inteiras como essas eram injetadas em seu campo mental, que automaticamente despertavam nele um desânimo e uma passividade tão grandes que imediatamente ele desistia da ideia de mudar o mundo, mas não antes de ir ao bar para beber e relaxar, afinal "pelo menos isso ele merecia".

Renato podia mudar muita coisa no mundo, talvez não todo o globo, mas a região de seu convívio ou a sua comunidade poderia ser beneficiada se ele despertasse a energia poderosa acumulada em seus símbolos de força, afinal ele era um iniciado – ou, como os amparadores gostam de dizer, um virtuoso.

Sabendo disso, os magos das sombras destacaram três espíritos treinados na arte da obsessão e do mentalismo aprimorado com propósito de desvirtuar a força que periodicamente emergia de sua alma, cheia de ideias renovadoras e positivas.

O trabalho destinado a esses seres era o de garantir que Renato tivesse uma vida boa, que não lhe faltasse nada e que principalmente ele jamais precisasse de orientação espiritual de alguém, também que não despertasse para valores mais elevados.

É paradoxal dizer isso, mas, como já comentado,

quando os mestres das sombras localizam um virtuoso, portador de mais de dois símbolos, eles se organizam para ajudar o seu alvo a ser banhado por toda sorte de bens materiais, estrutura de vida, e até trabalham a favor da manutenção da saúde física do virtuoso, tudo isso porque eles sabem que, quando o sofrimento vem, é normal as pessoas buscarem uma Força Maior, o que eles queriam evitar. Assim, mobilizavam grandes esforços para que seu "protegido" jamais sofresse ou adoecesse.

Em contrapartida, esses seres continuavam a introjetar na mente de Renato hábitos nada agradáveis, como dormir demais, comer de forma equivocada, além de outras práticas nada salutares.

Tudo ia relativamente bem com o casal. Nada havia mudado no panorama da relação, até que, em face das orações de Ana e do mérito acumulado em vidas passadas por parte de Renato, ele começou a receber visitas periódicas de um espírito chamado Adolfo.

Adolfo era um ser que demonstrava portar intensa sabedoria, um ancião, que sempre surgia segurando um lindo cajado de madeira polida, quase brilhante. Quando aparecia, olhava Renato de longe, porque não queria ser notado pelos sentinelas da escuridão que envolviam completamente os sentidos do rapaz e porque queria realmente observar de longe, com discrição, para entender bem o contexto da situação.

Adolfo é o que chamamos de amparador espiritual. Não é um mentor, guia ou anjo da guarda, que estabelecem uma relação estreita de intimidade por toda uma vida com um encarnado, mas um espírito especialista destacado para algum objetivo específico das forças superiores.

Adolfo repetiu aquela prática por vários dias, sempre analisando Renato a distância, certamente captando informações que não temos condições humanas de entender.

Em um certo dia da semana, no retorno do trabalho, Renato chegou em casa, jantou e logo foi para o sofá assistir à televisão. A sala estava toda envolvida pela energia dos sentinelas das sombras, que emanavam uma aura pálida e sem vida. Nessa atmosfera de falta de vitalidade, Renato adormeceu no sofá.

Em poucos segundos, Adolfo apareceu na frente do corpo espiritual projetado de Renato. Bateu uma única vez com o cajado de madeira no chão e uma bolha de luz branca envolveu tanto o amparador Adolfo quanto o corpo espiritual de Renato.

Naquele momento, Adolfo telepaticamente comunicou a seguinte mensagem para Renato:

*Saudações, Renato!*

*Eu sou Adolfo e zelo para que você encontre logo o seu caminho e que realize a missão da sua alma, embora não seja isso que estamos vendo. Você afirmou, antes de encarnar como Renato, que gostaria muito de mudar algumas realidades em que as pessoas se encontram, presas a paradigmas que você sempre considerou escravizantes. O momento é agora, pois o grupo que você precisa ajudar prioritariamente está quase todo reunido como colegas de trabalho da empresa em que você atua. Em dois anos, esse grupo começará a se dissipar por força de seus carmas, então sua tarefa precisa começar logo, antes que você desperdice essa chance de ouro pela qual você mesmo suplicou.*

*Depois que você concluir essa sua abençoada tarefa, novos caminhos irão se abrir e você será estimulado naturalmente a trilhar novos rumos. Mas para isso você precisará acordar para a sua espiritualidade. Comece a rezar, comece a ler e pratique aquela meditação que você e Ana aprenderam há três anos na praia, na ocasião de suas férias. Mude sua atenção, lembre-se de seus potenciais e de suas responsabilidades.*

*Saiba que há muitas influências negativas agindo sobre você, e você precisa eliminá-las.*

*Fique em paz!*

Ao final da mensagem, Adolfo bateu mais uma vez o seu cajado no chão. A bolha se desfez, o amparador desapareceu e os três sentinelas da escuridão ficaram sem ação, olhando assustados para o vácuo deixado pelo amparador após sua aparição.

Renato despertou, levantou-se do sofá, desligou a televisão e terminou sua noite de sono em sua cama.

No outro dia ele acordou disposto, cheio de uma energia que ele não sentia já fazia muito tempo.

Ele foi para o trabalho e à medida que o dia se desenrolava, vinham em sua mente fragmentos de algo que ele não sabia dizer o que era, mas que estava dando muita força e confiança em seu trabalho, sem contar que, nitidamente, ele estava mais afetuoso com todos os seus colegas de trabalho, o que contaminou positivamente o grupo no escritório.

Naquele mesmo dia, Renato, que exercia uma função de liderança, deu início a novos projetos que há muito tempo estavam engavetados. Ele sentia algo novo dentro dele, o que mudou muito a sua vibração espiritual.

Os sentinelas das sombras ficaram agitados, como "baratas tontas", pois as frases costumeiras que eles injetavam em seu campo mental não estavam penetrando mais, portanto eram inúteis.

Renato, por sua vez, teve uma semana brilhante. Fez em apenas cinco dias uma revolução nos procedimentos de que ele cuidava, criou novas rotinas, sanou problemas, organizou sistemas, e a empresa em que ele trabalhava animou-se por completo com as iniciativas eficientes e bem-sucedidas dele. O ambiente do escritório se transformou, seus colegas estavam mais confiantes, mais independentes e criativos também.

Ana se apaixonou mais uma vez por Renato. Ela

olhava para o seu amado com um brilho nos olhos que era bonito de ver e elogiava seu namorado pela melhora nos hábitos – afinal, naquela semana, ele não fora nenhuma vez beber com os amigos, e o resultado era nítido: ele estava mais firme em seus pensamentos, mais disposto, cheio de magnetismo e de ideias para melhorar tudo. Esta era a marca de Renato: a inovação!

Essa nova conduta alertou os sentinelas, que, percebendo que seus métodos não mais surtiriam efeitos, decidiram procurar ajuda. Foram em busca de seu mestre.

Dirigiram-se até uma região terrivelmente abissal, em um ambiente frio – não somente na temperatura, mas no sentido da ausência da vida –, ao encontro daquele que era o mestre que os tinha destacado para a missão com Renato.

Lá chegando, antes mesmo que começassem a falar, já foram completamente subjugados e humilhados por aquele mago das trevas, o qual era um ser tão sinistro, tão medonho, que considero que não seja prudente apresentar detalhes a seu respeito.

O mestre dos sentinelas não precisou ouvir o relato deles, pois já sabia do ocorrido pelo poder de sua telepatia.

Ele rechaçou os três sentinelas, rebaixando-os à condição de incompetentes e inúteis, e quando deu a entender que aplicaria neles um castigo em face do insucesso de suas investidas, refletiu e disse:

– Eu deveria acabar com vocês agora mesmo, mas,

como sou generoso, vou lhes dar mais uma chance de se refazerem de seus erros. Venham comigo, imbecis. Vamos acabar com isso agora mesmo!

Em segundos, o mestre das trevas, acompanhado dos sentinelas, apareceu na dimensão do escritório de Renato e rapidamente analisou todas as pessoas que lá estavam. Em segundos começou seu trabalho sujo.

Aproximou-se de Marisa, assistente mais importante de Renato, e injetou na região de seu estômago uma substância de matéria astralina verde-amarelada. Em fração de segundos, ele já havia se transportado até a mente de Norberto, o diretor-geral, superior a Renato na hierarquia da empresa. Na tela mental do diretor, começaram a surgir ideias de insatisfação com os resultados da empresa e de irritação com os funcionários em geral, sentimentos os quais permaneceriam por vários dias.

Mais alguns segundos se passaram e agora aquele asqueroso mago negro estava na sala dos servidores, que era a central que alimentava todos os computadores da empresa, aplicando energias de baixíssimas vibrações nas placas eletrônicas dos principais equipamentos.

Segundos mais tarde, ele se transportou até a casa da mãe de Renato, dona Judite. Ali, juntamente com seus três sentinelas, impregnou a casa com vibrações tão densas que dá calafrio só de pensar.

Dona Judite era uma senhora muito amável e caridosa, mas tinha um estado emocional muito frágil. Ela era cheia de tristezas e traumas que não conseguia superar. Certamente, o trabalho do ser das sombras foi feito no sentido de afetar ainda mais esses aspectos.

Em poucos minutos, o Mago das trevas atacou indiretamente Renato, que naquela altura estava envolvido de um magnetismo e uma confiança que lhe blindavam a aura para ataques diretos. Então, a entidade das trevas agiu nas pessoas que estavam envolvidas em vibrações menos elevadas e que certamente afetariam o rapaz caso elas estivessem com problemas.

O ser maligno se retirou na mesma rapidez em que surgiu. Essas entidades especialistas das sombras não ficam zanzando por aí à toa; estão sempre se preservando, portanto não se deixam ver facilmente e não perdem tempo distraindo-se no ambiente astral mais próximo da Terra.

Antes de voltar à sua base nas zonas abissais, o Mago das trevas disse aos sentinelas:

— Fiquem atentos e façam bem feito o trabalho de vocês, seus infelizes. Em dois dias, o mundo desse "hipocritazinho da mamãe" vai cair. É só esperar para colocá-lo em seu lugar de passivo e acomodado junto aos seus amigos bêbados!

Dois dias se passaram, tudo parecia bem tanto na vida pessoal quanto na vida profissional de Renato, quando tudo começou a acontecer.

Renato chegou ao escritório um pouco antes de todos, pois naquele dia fecharia um contrato com uma empresa multinacional americana. Ele receberia a visita de três executivos e estaria prestes a fazer uma negociação que mudaria positivamente a história da empresa. Por isso, decidiu ir mais cedo ao trabalho, para que pudesse organizar melhor suas tarefas. Ele estava cheio de confiança e energia para consumar sua missão junto aos executivos americanos que deveriam chegar pela manhã ao escritório.

O tempo foi passando, todos os colegas de trabalho estavam chegando, menos Marisa, a sua assistente e "braço direito".

Naquele dia em especial, ele precisava muito da ajuda de Marisa, pois os contratos estavam todos com ela. Além disso, Marisa era um tipo de pessoa que resolvia tudo nesses dias movimentados.

Alguns minutos se passaram e o telefone particular de Renato tocou. Era o esposo de Marisa, dando a notícia de que ela havia sofrido uma forte hemorragia e, o que havia interrompido uma gravidez de dez semanas. Segundo seu marido, ela estava em estado de choque emocional e não tinha condição alguma de trabalhar naquela semana.

Marisa tinha o respeito da empresa por conta de toda a sua dedicação e dos serviços prestados. Além do mais, Renato gostava muito do profissionalismo dela. Em função disso tudo e da gravidade dos fatos, não restou outra saída a Renato senão concordar com a licença de sua assistente, além de tentar consolar seu marido com palavras reconfortantes.

Renato desligou o telefone, respirou fundo, profundamente afetado pela notícia em dois níveis: pela falta que Marisa faria e pela solidariedade à amiga de trabalho. Ele precisava pensar rápido para resolver o problema.

Substituiu Marisa por outra funcionária, igualmente qualificada, que trabalhava no andar de baixo, com o outro gerente de contas, chamado Ronaldo. Ronaldo tinha espírito de equipe e imediatamente ajudou Renato oferecendo sua melhor assistente para reparar o problema e atender bem os americanos.

Parecia que esse problema tinha sido resolvido, quando um burburinho começou a surgir entre os diversos colegas daquele andar do prédio. Parecia que todos falavam mal dos seus computadores, estavam todos muito irritados. Quando Renato foi ver do que se tratava, descobriu que algo gravíssimo tinha ocorrido: um dano sério na central de servidores de informática.

Renato começou a bufar feito um touro bravo. Ele não podia acreditar no que estava acontecendo, pois o problema poderia colocar em risco a operação com os americanos. No auge de seu estresse, tocou o celular. Era Ana, dizendo que a mãe dele havia sido acometida por uma crise de diabetes e estava sendo hospitalizada naquele momento.

Era a gota d'agua para Renato. Ele estava transtornado e tremia sem parar. Não sabia o que fazer, não conseguia raciocinar. E, nesse clima de intenso estresse e confusão, os três sentinelas perceberam que a vibração energética de Renato começou a mudar de padrão, perdendo o vigor. Nesse instante, aproximaram-se de Renato e começaram os três, ao mesmo tempo, a dizer frases específicas direcionadas para que ele deixasse de lado a vontade de mudar o mundo. E, assim, começaram a dizer frases como:

"Viu, Renato? Você é um trouxa mesmo! Fica inventando moda, fica querendo mudar a vida das pessoas, mas elas não estão nem aí quando você precisa de ajuda. E agora, quem é que vai ajudá-lo? Pare com essa mania de querer inovar, faça o seu trabalho quietinho e já está muito bom. Pare de inventar 'sarna para se coçar'."

Com o seu campo de energia debilitado, Renato começou a ceder à ação do mentalismo treinado dos agentes da escuridão e imediatamente nutriu uma revolta interna. Ficou mal humorado e jurou a si mesmo que resolveria aqueles problemas e depois não mais inventaria novos projetos. Ele estava fora de si.

Na linguagem da Terra, podemos dizer que, naquele dia, Renato "fez chover" para conseguir contornar todas as adversidades que encontrou, pois conseguiu fechar contrato com os americanos, também ajudou a solucionar o problema com os servidores, bem como encontrou uma brecha no tempo para dar assistência à sua mãe, internada pela crise de diabetes.

No final de tudo, sentia-se exausto, estava acabado, precisando relaxar, queria esfriar a cabeça. No caminho de casa, os sentinelas das sombras agiram prontamente, introduzindo em sua mente a sensação e o prazer de tomar uma cerveja gelada com os amigos. Esse era o "fraco" de Renato, que não ofereceu nenhuma resistência ao pensamento obsessivo e prontamente se dirigiu a uma choperia próxima.

Fez isso na terça, na quarta, na quinta e na sexta-feira. Assim, ele começou a regredir em sua força mental e na lucidez que apresentava nas últimas semanas.

Ana percebeu e tentou reanimar Renato, mas ele não queria mais. Dizia para Ana que era muito difícil viver para animar outras pessoas, que não queria mais saber dessas ideias de ajudar os outros a renovar pensamentos e quebrar paradigmas, que sempre que fazia isso se dava mal, que estava cansado disso.

Ana se preocupou, mas não deu importância, porque achou que era apenas a influência de uma semana difícil na vida de Renato e nada mais.

Passou uma semana, passaram duas, três. Renato voltou a ser aquele profissional normal, nada de espetacular, nada de novos projetos, nada de soluções incríveis para os problemas. As pessoas à sua volta perceberam, desanimaram juntas e tudo voltou a ter aquela sintonia antiga de monotonia e apatia.

Renato, por sua vez, começou a beber mais, a se cuidar menos, ficando completamente acomodado com a sua rotina e o seu estilo de vida. Seus lampejos internos de vontade de mudar o mundo definitivamente foram embora.

Sem que ninguém percebesse, nem mesmo os sentinelas, Adolfo analisava tudo a distância. Ele via que o virtuoso havia sucumbido novamente e, por isso, faria uma última tentativa de contato e aviso sobre suas responsabilidades pré-reencarnatórias assumidas.

Foi quando, em uma noite de sono de Renato, enquanto seu corpo espiritual pairava um metro acima de sua cama, Adolfo novamente apareceu e envolveu os dois na já conhecida bolha branca e começou, através da telepatia, a transmitir a nova mensagem. Nessa ocasião, o tom das palavras era mais firme e direto.

*Saudações, Renato!*
*Sua vida está muito longe de ser a que você planejou. Foi seu mérito que fez com que eu viesse novamente ao seu encontro para alertá-lo do grave erro que você está cometendo em sucumbir à sua missão pessoal, portanto aproveite-a em toda a sua essência, pois você não terá outro aviso.*

*Os seres que me enviam analisaram o seu caso e perceberam que a rotina em que você se encontra é um grande mal para você e que, por isso, você não tem condições de despertar para sua missão dessa forma. Foi organizado um plano para sua recuperação que combinará a oportunidade de um resgate cármico à necessidade de mudança que você tem, para que seus potenciais despertem. Por isso, nas próximas semanas, acontecerá algo que vai mudar a sua vida para sempre e que vai alinhá-lo com seus propósitos. Volte a vibrar em uma frequência mais elevada e saiba que mais uma chance de redenção está por vir.*

*Confie na luz maior!*

Os dias passaram, Renato continuava passivo, acomodado, mas estava mais reflexivo. Não tinha mais atitudes inovadoras, entretanto não estava rebelde. Parecia que ele sentia algo no ar, mas não conseguia interpretar o que seria.

Alguns dias depois, foi ao cinema com Ana. No caminho, declarou-se para ela, dizendo o quanto a amava e que queria muito se casar com ela, morar com ela e começar algo novo, quem sabe um negócio próprio, para mudarem a rotina.

Ana estranhou o comentário, mas foi envolvida pelo sentimento que a declaração amorosa de Renato lhe causou. Assim, foram os dois ao cinema naquela noite de domingo.

Na volta, o inesperado aconteceu: dois jovens abordaram o carro do casal em uma tentativa de assalto. Renato foi rápido e perspicaz, acelerou, virou rapidamente o volante e saiu à direita de sua rua com toda velocidade, fazendo uma meia-lua com o automóvel, para, dessa forma, sair da linha de ação dos criminosos. Até aí, tudo bem, mas Renato entrou na contramão da rua perpendicular no momento da manobra. Nessa drástica movimentação que fez, ao entrar na contramão da outra rua, colidiu gravemente com um carro que vinha em alta velocidade.

Por um milagre, Ana só teve cortes na cabeça e alguns hematomas por conta do impacto gerado. Entretanto, com Renato, a situação foi mais complicada.

A força da batida concentrou-se no lado de Renato, o que fez com que uma pequena haste de metal, que soltou da porta praticamente destruída, furasse o pulmão esquerdo dele. Além disso, teve outras várias escoriações e sofreu uma grave lesão no rim direito. Também teve cortes, ferimentos e uma fratura na perna direita, mais especificamente na região da coxa.

O caos se instalou naquela avenida movimentada. Os bombeiros e os paramédicos faziam o socorro, as pessoas à volta comentavam assustadas e Ana, não gravemente ferida, e recobrada da consciência, chorava preocupada com a situação. O motorista do outro carro, que sofreu basicamente um deslocamento no ombro direito, estava relativamente bem. O mais afetado era Renato, que foi socorrido e levado ao hospital, onde ficou por quase quinze dias antes de ser liberado para terminar seu tratamento em casa.

Embora ele estivesse passando por um período difícil em todos os aspectos, havia nele uma sintonia diferente. Ele tinha uma resignação no olhar; em nenhum momento reclamava, mesmo com tantas dores e tantas dificuldade para se locomover.

Ana estava sempre ao seu lado. Tirou licença no trabalho para poder acompanhar de perto a recuperação de seu amado que ia muito bem, mais rápida do que o esperado.

Durante os quarenta e cinco dias iniciais, eles ficaram muito tempo juntos, cultivando momentos a dois de silêncio e cumplicidade.

Renato rezava com ela, e surpreendentemente era sempre dele que partia a iniciativa. Embora seu corpo físico estivesse se recuperando – portanto ainda estava muito debilitado –, seu coração estava mais forte do que nunca, seu olhos começaram a brilhar mais intensamente, pois ele estava envolvido de uma clareza mental nunca antes vista naquela encarnação.

O tempo foi passando, Renato foi se recuperando, até que foi liberado para o trabalho novamente. Contudo, antes mesmo de regressar, já estava internamente convencido de que ele não trabalharia como antes, no mesmo emprego. Ele queria mudar tudo, pois começava a se nutrir dentro dele um sentimento muito intenso de vontade de mudar. Dessa forma, nesses meses que ficou em casa se recuperando, decidiu apostar em um negócio próprio. Assim, juntamente com Ana, investiria em um outro ramo de atividade, dessa vez como proprietário e sócio de sua amada.

Os anos foram passando, Renato se tornou um empresário e tudo corria bem. Ele passou a dar pequenas palestras sobre superação e mudança, sempre relatando a sua história pessoal e o quanto as adversidades foram usadas de forma positiva.

Em algumas semanas, chegava a dar até cinco palestras em escolas para adolescentes, atividade que fazia em paralelo ao seu negócio.

Era incrível a mudança que aquele acidente gerou na vida dele, pois ele era um novo homem, cheio de vontade de mudar o mundo, com novos hábitos. O mais curioso de dizer era que ele tinha um corpo muito mais saudável do que antes do acidente, ainda que tenham ficado algumas marcas em seu corpo.

Renato e Ana já haviam se casado e quase tudo faziam juntos, numa relação tão leve e amorosa que era bonito de ver.

Narrei essa história no passado, porque, nessa experiência amparada por Cris, tive acesso aos registros de uma experiência já ocorrida em um tempo não tão distante. Essa foi a história de Renato, um iniciado ou um virtuoso que estava completamente desviado de sua missão, mas que, por força de uma adversidade, acabou se realinhando com seu propósito e com seu potencial latente de inspirar outras pessoas em atitudes melhores.

Nesse momento, as imagens da história narrada começam a sumir da minha tela mental, como se eu estivesse perdendo a conexão. Assustado, pergunto ao amigo Cristopher:

— O que está acontecendo, Cris?

— Calma, calma – ele me responde risonho.

— Por que eu não consigo mais enxergar nada da história? Eu quero saber mais...

— Você saberá – responde Cris.

— Então me explique o contexto do acidente que ele sofreu, pois estou começando a achar que foi o Adolfo ou outros seres de luz que provocaram o acidente. Estou certo?

— Não é bem assim, Bruno. Nada na vida acontece se não existe um propósito e se não há sintonia com a Justiça Maior. – Os movimentos, tanto do lado luz quanto do lado sombra, sempre ressonam em concordância com a vontade maior, pois a própria face escura da vida ainda assim é uma parte da engrenagem do Todo ou da lei Divina.

Com esse comentário, Cris tinha me deixado mais

confuso ainda. Ele percebeu minha cara de descontentamento e minha ansiedade para conhecer os pormenores da história de Renato, por isso nem esperou que eu reclamasse e logo já foi me explicando tudo que eu precisava saber.

— O acidente de Renato só foi possível porque ele tinha de passar por uma situação como essa para resgatar questões de vida passadas, tanto ele como os dois assaltantes e o motorista do outro veículo colidido.

Era uma situação que não cabe a nós descrever na sua íntegra, apenas comentar que, independentemente de seus hábitos nada saudáveis no tocante à sua saúde física e espiritual, ele precisava passar por aquela situação. Entretanto, o que os seres das sombras não sabiam é que Adolfo e o grupo de seres de luz que ele representava estavam trabalhando discretamente para fazer da situação do acidente uma oportunidade para que o virtuoso Renato acordasse para as verdades espirituais. Dessa forma, o papel dos seres de luz foi reunir as condições e as ordens adequadas do acontecimento, para que Renato relembrasse seu potencial latente e começasse a processar suas mudanças internas.

Ouvindo Cris falar, fiquei de "cabelo em pé" com tantas revelações, porque tudo fazia muito sentido. E Cris continuou explicando:

— Da mesma forma em que os seres das trevas articulam elaborados planos de obsessão silenciosa sobre diversos encarnados, com inúmeros objetivos – obviamente nefastos

—, os mestres que trabalham para o Grande Espírito Criador também usam técnicas elaboradas e planejadas para atingirem seus objetivos. Portanto, o que precisa acontecer com determinada pessoa acontece, mas a diferença está no mérito e na sintonia espiritual dela. Por isso, algumas pessoas passam por determinadas situações, sofrem e são submetidas a condições extremas, mas recebem toda sorte de ajuda para enfrentá-las da melhor forma. Em outros casos, quando a pessoa não tem méritos espirituais para isso ou está em uma sintonia espiritual perturbada, além de ela ter de passar por situações extremas, o pós-trauma desencadeia uma série de transtornos, muitas vezes ainda maiores. Nesse caso, o acidente não foi uma questão de escolha, mas sim uma ação da lei Divina do carma agindo na vida de Renato. Todavia, a repercussão positiva em sua vida no pós-acidente só foi possível pelos méritos que tinha, pelo sentimentos nobres nutridos pelo rapaz, bem como pelas orações sinceras das pessoas que estavam ao seu redor.

Fiquei surpreso com a explicação de Cris e logo lhe fiz mais uma pergunta:

— Então a dor é inevitável nesses casos, mas o tempo de sofrimento é escolha nossa?

— Sim – respondeu Cris.

— E agora, como Renato está? Ele continua firme no propósito de inspirar mais pessoas?

— Sim. Além do mais, ele vem se preparando em um projeto com crianças carentes que atingirá proporções globais. Ele vem recebendo todos os dias, durante o sono, orientações de seres de elevado quilate espiritual, que estão lhe apresentando formas de aplicar um projeto para elevar a autoestima e a força de vontade de crianças que não têm apoio social e familiar. Podemos dizer que ele está se aliando a um nobre projeto. Virtuosos estão sempre sintonizados com projetos de abrangência elevada, que envolvem grandes quantidades de pessoas.

— Uau! Estou muito feliz em saber. Que maravilha! Depois de tantas andanças pelos bares e de levar uma vida sem maiores propósitos, Renato despertou completamente para as nobres verdades.

— Sim. Além disso, ele conseguiu eliminar aquele vazio interno que sentia nos tempos em que levava uma vida desregrada. Podemos dizer que sua contribuição para a sociedade é muito valiosa, mas é importante também falar que ele tem uma vida pessoal muito equilibrada e feliz. É assim que deve ser quando a pessoa está sintonizada com a sua verdade maior ou com a sua razão de existir.

— Que beleza! – exclamei, feliz por saber dessa notícia a respeito de Renato.

No mesmo instante em que disse isso, percebi no olhar de Cris que essa narrativa se encerraria, e por isso expressei toda a minha gratidão por ter acesso a uma história real que mostrou com detalhes a ação da luz e das trevas no contexto dos símbolos de força e o papel dos iniciados que estão reencarnando cada vez mais para estimular as massas em novas atitudes.

No mesmo instante em que me despedia do amado amparador, perdia-me em pensamentos, imaginando também o número expressivo de virtuosos que, nesse momento, estão com as consciências nubladas, distraídos ou seduzidos por poderes materiais, desejos mundanos, vícios, que a cada dia agem em suas vidas, desviando-os de seus reais propósitos.

No mesmo tempo em que permiti que certa agonia entrasse no meu sentimento pela consciência dessa realidade, imediatamente me reanimei pela esperança de que, com esse relato, possamos levar uma mensagem de alerta, que no mínimo fará com que as pessoas reflitam se estão no caminho da missão de suas almas ou se estão sendo distraídas pelas forças opostas ao Grande Espírito Criador.

Dessa forma, com sentimento de alegria e com uma espécie de silêncio interior, demos por encerrada aquela experiência transformadora.

**NOTA DO AUTOR**

Sei que muitas pessoas, ao lerem este livro, vão dizer: "Então você quer dizer que, se eu tomo uma cervejinha, estou com pensamento obsessivo?".

Não é o que quero dizer com um consumo esporádico de um ou dois copos de cerveja, mas o consumo periódico e em quantidades mais elevadas induz qualquer pessoa a um estado de alienação espiritual e falta de discernimento gradual sobre a razão da vida e a missão da alma de cada ser.

Muitas pessoas consomem bebidas alcoólicas periodicamente e ainda assim são pessoas comprometidas com causas humanitárias e ações altruístas. Entretanto, há também um grande grupo de pessoas que não consomem sequer uma gota de álcool uma vez por ano, e mesmo assim estão totalmente alienadas para a vida de forma geral. Não condeno nada, não julgo nada, apenas preciso narrar a visão que os amparadores me passam de que o consumo de bebidas alcoólicas em quantidades que alterem o psiquismo humano com periodicidade e as cargas fluídicas densas dos ambientes que normalmente os consumidores frequentam são fatores que oferecem grande intensidade de influências negativas sobre a consciência de cada ser

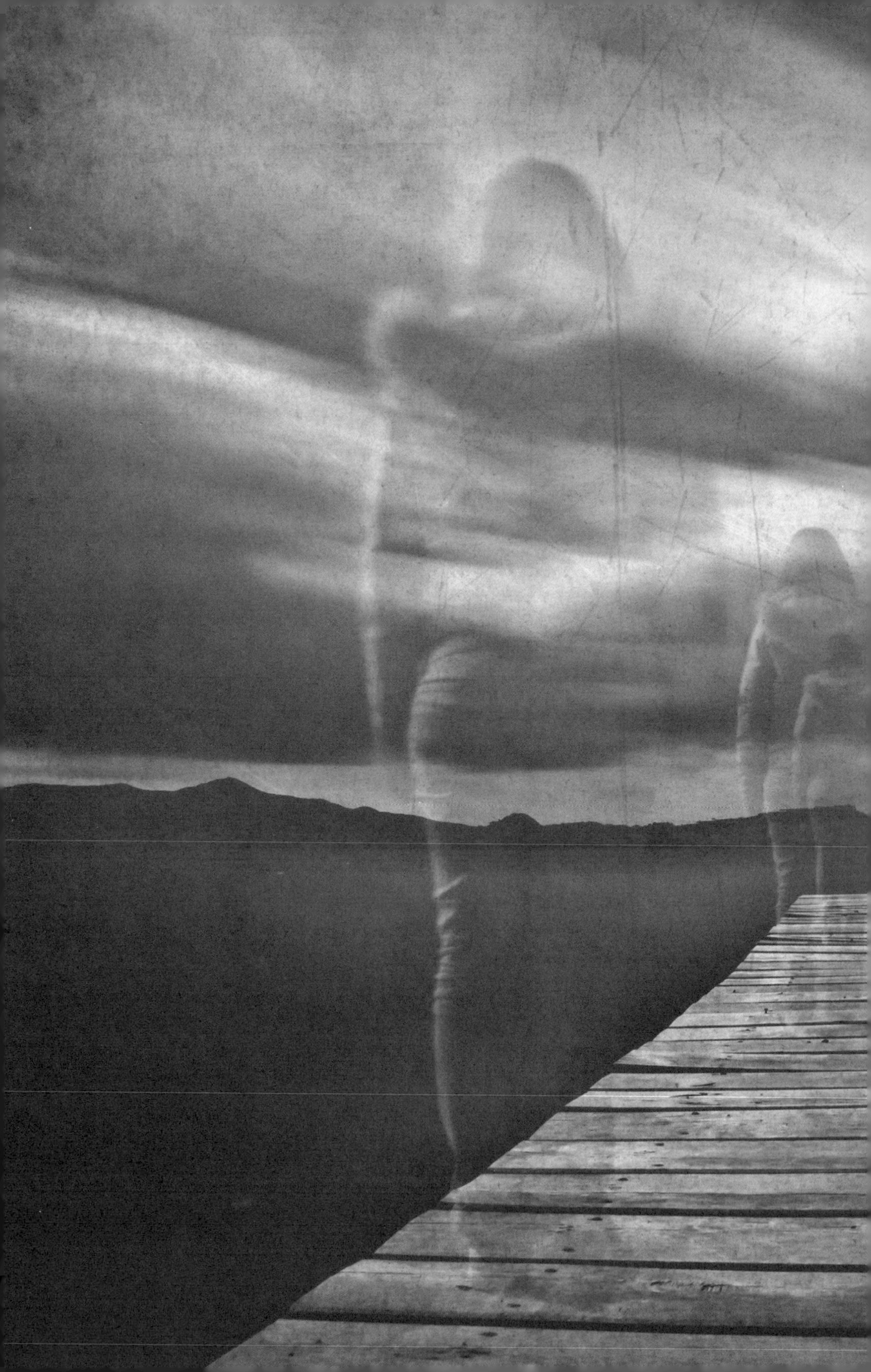

# ASTÚRIA, A ESCOLA DA SIMPLICIDADE

*Normalmente,* quando durmo, antes de me entregar ao sono do corpo físico, procuro fazer uma oração e entrar em sintonia com as atmosferas sublimes, pedindo força, paz, elevação para servir como canal na tarefa que me for solicitada, no ambiente extrafísico da vida, pelo processo da projeção astral.

Naquela noite, deitei-me, comecei a aquietar a mente e rezar. Rapidamente eu fui projetado para um ambiente maravilhoso. Era uma pequena cidade estruturada em arquitetura de estilo grego ou romano. Havia muitos elementos em pedras, com diversas esculturas pelas ruas e com enormes calçadas. Parece que naquele lugar tudo era feito com muito esmero.

Por um instante, achei que caminhava sozinho por aquela rua, analisando os pacatos e receptivos habitantes daquela que parecia uma colônia espiritual, a qual reunia elementos arquitetônicos que me impressionavam.

As pessoas com as quais eu cruzava, andando pela rua, expressavam uma aura serena de leveza, tranquilidade e bom humor, o que era contagiante. Eu sabia que estava "passeando" por um lugar especial porque sentia em meu ser uma felicidade e uma paz de espírito facilmente encontradas em ambientes de elevada frequência vibratória.

Por mais que ainda estivesse tentando entender aquele local, que aparentemente eu ainda não conhecia, andando pelas ruas de forma serena e tranquila, eu tinha em mim uma sensação de aconchego e de aceitação que nutria a minha alma. Naquele momento, comecei a raciocinar e a pensar sobre o motivo pelo qual eu me sentia tão bem-vindo naquelas paragens. Nesse tempo de reflexão, senti a ternura do amigo Cris, o que já anunciava que ele estava por perto.

Não demorou para que ele me tocasse nos ombros, saudando-me com alegria por mais uma jornada que iniciávamos juntos no plano espiritual. Cris sorriu, olhou-me nos olhos e disse que iríamos conhecer Damasceno, um ser muito especial.

Quando ele me disse isso, percebi que suas vestes estavam diferentes, pois ele não trajava a sua habitual bata branca de corte reto, com colarinho e punhos dourados. Ele vestia um tipo de colete de cor vinho, com uma espécie de cinto feito em corda e uma calça branca folgada, feita de uma espécie de algodão muito macio. Ele também usava sandálias de tiras que deixavam os dedos dos pés à mostra.

Gostei de ver o amigo Cris naquela roupagem diferente. Além disso, parecia que ele também estava sendo nutrido por aquelas vibrações balsâmicas do local.

Sentamos próximos a um lindo chafariz, que ficava posicionado na frente da entrada de uma linda construção. Era um prédio lindo, com arquitetura grega, de tons amarelados e enorme porta de entrada em forma de arco.

Dali podíamos admirar a beleza daquele encantador local. Diferentemente das outras visitas que fazemos juntos – em que temos certa pressa em narrar tudo quanto for necessário, com cuidado especial para não perder nenhum detalhe importante para a descrição do ambiente –, nesse caso e nesse local essa "pressão" habitual não surgia. Cris também estava mais descontraído que o normal, dando a impressão de que também estava degustando a beleza e a harmonia do local.

Foi nesse momento que Cris começou a falar:

– Esse local existe há muitos anos e já deu interessantes contribuições para a humanidade. É uma cidade pequena, com poucos habitantes, mas, mesmo assim, sua vibração e sua importância para os planos dos seres de luz são incalculáveis, por conta das bênçãos que já brotaram nesse lugar, bem como em razão do número de seres que já foram treinados por Damasceno e outros instrutores que por aqui passaram e se dedicaram à manutenção da proposta da Escola que você irá conhecer, que fica na área central.

– Estou curioso! Continue, Cris... Explique tudo o mais rápido possível!

Percebendo a minha típica ansiedade e que eu não tirava os olhos do bonito prédio à minha frente, Cris sorriu e continuou:

– Esse local é um reservatório de conhecimentos

universais. É como se fosse uma biblioteca, mas vai além de somente armazenar livros. Nesse prédio em que vamos adentrar, além de tantas informações armazenadas, temos diversos estudos e pesquisas acontecendo. É um tipo de escola que treina pessoas antes de reencarnar e também depois de encarnadas – neste último caso, acontece no período do sono físico, quando os corpos espirituais dos encarnados são trazidos para cá com o objetivo de receber informações que serão usadas na dimensão física da Terra.

Damasceno é o coordenador dessa escola chamada Astúria.

Astúria não oferece ensino em grande escala, ou seja, são poucas as pessoas que passam por aqui e recebem treinamento, mas elas são orientadas por um trabalho de muita dedicação e entrega por parte dos seus instrutores.

Estão sintonizados, nesse ambiente, espíritos que passaram por escolas de mistérios, na antiga Grécia e na Atlântida. Entretanto, como já comentado, trata-se de uma escola de pequeno porte no que tange ao número de pessoas que recebem os ensinamentos.

— Estou curiosíssimo para conhecer esse local. Vamos logo encontrar Damasceno!

Cris sorriu com minha empolgação. Levantamo-nos e fomos caminhando em direção à porta principal da escola Astúria. Quando passamos pelo portal de acesso ao pátio da escola, senti um impacto em minha aura. Um impacto tão forte – embora agradável – que literalmente "me tirou do ar" por alguns segundos. Nesse fenômeno, estranho de entender e até difícil de narrar, quando senti o choque em minha aura, percebi que fui subitamente isolado em uma bolha que abrigava unicamente o meu espírito. Nesse momento incrível de expansão da consciência, consegui perceber fragmentos de algumas das minhas vidas passadas, que surgiam numa visão de 360°. Para cada lado da bolha que eu olhava, enxergava momentos diversos da minha memória espiritual, em experiências vividas em diversas **cascas**[13]. Eu me via criança, jovem, idoso, homem, mulher, branco, negro, oriental e ocidental. Foi uma experiência sem precedentes para mim.

Com a velocidade de um raio, aquela bolha se desfez e eu voltei à minha consciência normal, na presença de Cristopher. Todavia, quando voltei daquele transe, olhei com os olhos arregalados para meu amparador, com a face assustada pelo efeito da experiência fenomenal vivenciada.

Cris deu a entender que sabia o que tinha acontecido comigo. Ele perguntou se eu estava bem e pediu que eu me concentrasse de novo na realidade presente.

Segui sua orientação, centrei meus pensamentos, agradeci mentalmente ao Grande Espírito Criador pela visita naquele nobre recinto e seguimos em direção à sala de entrada da escola.

---

13 - Em termos gerais, a expressão **casca** refere-se ao corpo físico, veículo de manifestação da nossa consciência eterna.

Entrando no recinto, imediatamente fomos recepcionados por Damasceno. Ele é um homem alto, com quase dois metros de altura. Usa cabelos compridos na altura dos ombros. Tem os olhos e os cabelos castanhos e um sorriso de carinho e paz sem igual.

– Salve, amigos! Sejam bem-vindos a Astúria! Já era tempo, pois aguardávamos sua visita.

– Obrigado, nobre irmão – saudou Cris, com respeito e alegria.

Somente pela forma como os dois se abraçaram eu já me emocionei, pois a energia de carinho e respeito emanada no encontro dos dois instrutores me tocou profundamente, tal a vibração superior produzida.

– Oi, menino, seja bem-vindo! – Dessa vez foi para mim que Damasceno falou, olhando-me com seu olhar que penetrava a minha alma.

– Oi, mestre!

Falei assim por não saber me expressar ou me comportar diante das energias que me envolviam. Também toquei suas mãos, ajoelhei-me diante dele, fechei os olhos e agradeci aquele encontro, já com lágrimas nos olhos.

Minhas memórias mais profundas me davam a impressão e o sentimento de que já conhecia aquele homem, talvez por isso ele me fosse tão familiar. Mesmo assim, ainda não sabia dizer como nem quando o conheci, apenas sentia que o conhecia.

Obviamente ele sabia de tudo, mas, se não me foi permitido recordar, certamente é porque existe um propósito em manter fechada essa janela do tempo.

Então, Damasceno falou:

– Entrem, vamos chegando... Vamos sentar na sala ao lado.

Fomos andando até outro ambiente, maior que o da recepção da escola, onde encontramos várias mesas grandes, com assentos inteiriços, em que muitas pessoas podem sentar-se. Quero dizer que não eram cadeiras individuais, e sim um grande banco.

Sentamo-nos ao redor de uma daquelas mesas, que fora construída com um tipo de madeira clara, com um brilho bonito e uma textura muito interessante. Lembro-me de passar a mão suavemente sobre a mesa, sentindo o toque daquela superfície lisa e brilhante.

Foi quando Damasceno começou a falar sobre Astúria:

– Sabemos da proposta do livro e, por isso, entendemos que as narrações devem envolver um pouco da história da escola Astúria, que foi construída com o objetivo de trazer simplicidade e objetividade a todo conhecimento humano, em especial sobre as leis naturais que regem a humanidade.

Na dimensão espiritual da vida, quando falamos de leis naturais que regem a humanidade, referimo-nos à base moral que seria importante as pessoas seguirem para que se aproximassem de sua divindade e naturalmente encontrassem a iluminação espiritual, o que quer dizer "*O retorno à casa do Pai*".

Ouvindo Damasceno falar, tive de me conter, porque as lágrimas brotavam dos olhos, juntamente com um sentimento de amor e esperança. O tempo todo também podia sentir as vibrações dos ensinamentos de Jesus pairando no ar. Contudo, esses ensinamentos, que gravitavam na aura do ambiente, não fluíam contaminados por religiões fanáticas, radicais ou mesmo deterministas. Eram vibrações puras, originais, autênticas. Era como se uma música hipnótica fosse tocada aos nossos sentidos mais ocultos, pois falava diretamente com a alma. Em um fenômeno estranho de explicar, parece que instantaneamente os ensinamentos de Jesus brotavam de dentro da minha alma. Também percebia que, à medida que Damasceno se pronunciava, eu entrava nas informações como se vivenciasse, com todas as minhas células, as minúcias de sua narrativa. E Damasceno continuou:

– A humanidade avançou muito no campo da consciência, todavia sabemos que essas leis naturais ainda não estão compreendidas pelos encarnados. Essas leis naturais são encontradas em vários livros sagrados disponíveis aos seres humanos, mas o problema é que eles se intoxicam muito com interesses pessoais, com visões míticas e em especial por crenças equivocadas que permanecem em suas consciências.

As leis naturais não são de uma ou de outra religião, são da Divindade Maior, do Grande Espírito Criador. As leis naturais são as regras que o Cristo estabeleceu para ordenar a nossa vida e nossa evolução como um todo.

Nesse instante, Damasceno sorriu e deu uma breve pausa para que eu pudesse absorver os conhecimentos e anotar tudo o que fosse necessário. Eu olhava eufórico para ele, pois estava amando ouvir os preciosos ensinamentos. Cris também sorriu, pois ele sempre se diverte muito com a minha empolgação.

Depois de alguns segundos mais de pausa, Damasceno continuou:

– Nos planos superiores à vida física, onde coexistem mestres dos mistérios, trabalhadores da luz, professores, amparadores e outros seres de elevado quilate moral, a consciência espiritual é livre. Da mesma forma que sabemos que existe um único Deus que habita tudo e está em tudo, ou ainda "Está no meio de nós", também sabemos que os ensinamentos são um só! Aqui nenhuma escritura é adotada como detentora de todas as verdades, mas também nenhuma que esteja pautada no amor e no respeito é desprezada. A melhor jornada de busca espiritual é aquela que consegue obter melhores resultados de ampliação do amor e da consciência. Na Terra, as religiões devem ser utilizadas gradativamente sempre que estiverem produzindo o bem, a reforma dos padrões internos, o perdão, o aumento do amor e da consciência do Todo. Se uma religião estiver promovendo a estagnação dos aprendizados, então ela escravizará ao invés de libertar. Mesmo assim, essa mesma religião que para uns produz a estagnação, para outros pode produzir a elevação de seus valores, porque cada ser vivente encontra-se em estágio diferente de evolução e tem aprendizados diferentes para conquistar.

Nesse instante, não resisti e pedi a palavra para fazer uma pergunta:

— Mas o que dizer da busca espiritual universalista que procuramos mostrar em nossos livros, tanto neste quanto nos anteriores?

Parece que Damasceno e Cris já esperavam a minha pergunta, pois, antes da resposta, os dois riram abertamente diante de mim. Depois desse momento de descontração, Damasceno explicou:

— A visão universalista, ou seja, sem a necessidade de uma linha religiosa, "não é coisa de hoje"! Trata-se de uma visão muito, mas muito antiga mesmo. O universalismo de que vocês falam sempre foi a via de acesso utilizada pelos professores da Espiritualidade Maior. No entanto, à medida que o homem foi se perdendo dentro de si próprio, os mapas para que ele se localizasse foram criados. Esses mapas nada mais são do que métodos de "resgates" padronizados para cada caso. Quando um resgate no plano físico acontece no mar, os socorristas precisam usar barcos e outros veículos que flutuem. Quando os resgates acontecem na Terra, os socorristas precisam usar veículos que se locomovam sobre o solo, e assim por diante.

As religiões são métodos estabelecidos de resgate. Resgate de consciência e de razão de existir.

O universalismo é a nascente desses métodos, mas ele não pode ser utilizado por um ser que não quer se ajudar ou que não deseja ser resgatado por ele próprio. O universalismo é autônomo e mostra que somos criadores de nossa realidade e que somos os arquitetos de nós mesmos e de nossas vidas. Infelizmente, muitas pessoas ainda não estão prontas para essa experiência, pois precisam passar por muitos outros aprendizados para que, no futuro, possam experimentar as bênçãos e a liberdade do universalismo, que nada mais é do que a ligação do homem com ele mesmo através da sua conexão com o universo ou com o Cristo, que também pode ser chamado de *Logos*, Existência ou, como você gosta de dizer, O Grande Espírito Criador.

– Então, a conexão com Deus, nas orações, nas meditações ou em práticas similares, é um ótimo treino para o universalismo?

– Claro, Bruno! Tudo que uma pessoa fizer para ir ao

encontro dela mesma, de suas virtudes, de seus valores pessoais e de sua razão de existir será expressivamente benéfico para ela em um contexto geral, pois afetará positivamente todos os aspectos de sua existência. Além disso, todas as práticas ou estilos de vida que forem livres, no sentido de liberdade de expressão, estudo e doação, estarão também contribuindo para consolidar o universalismo.

Percebi, nesse instante, que Cris tinha algo para falar, afinal é ele quem programa as nossas visitas, sempre com propósitos específicos de produzir narrativas importantes para os objetivos dos livros. Assim sendo, já sei que ele sempre tem objetivos específicos para cada ambiente que conhecemos. Então Cris começou a explicar:

— Esta escola foi construída com alguns objetivos, alguns mais genéricos e outros mais específicos, entretanto um deles é o mais importante: agregar simplicidade e objetividade ao seu **neófito**[14].

A história da humanidade contabiliza o aparecimento de incontáveis escolas de mistérios que sempre cumpriram o papel de oferecer aos seus estudantes conhecimentos acerca dos mistérios da vida, das doenças e de suas curas, da relação entre homem e Deus, da missão de cada um, do conhecimento dos recursos naturais, do domínio dos

---

14 - Aquele que está aprendendo, um candidato a iniciado, alguém buscando a iluminação no sentido da evolução espiritual.

elementos, entre outros. Muitas civilizações, algumas de tempos muito remotos, entendiam a importância dessas escolas e investiram grandes esforços na construção desses aprendizados. O tempo passou, muitas coisas aconteceram, e essas almas que foram treinadas nos mistérios antigos, algumas em diferentes escolas, em sucessivas encarnações, começam a reencarnar no momento atual da humanidade. Entre elas, existe tendência à falta de simplicidade e de objetividade e aos fortes traços de vaidade!

Essa escola foi idealizada por um grupo de espíritos do plano superior para proporcionar simplicidade e objetividade a antigos iniciados de outrora que carregam consigo grande bagagem de informação e conhecimento, mas que ainda não conseguiram entender que tudo deve convergir para a expansão do amor e que este verte abundantemente da simplicidade.

Enquanto Cris falava, fui tendo uma sensação de leveza e clareza mental. Sim, claro! O amor vem da simplicidade! Os melhores ensinamentos, mais didáticos e eficientes, são aqueles baseados na objetividade e na simplicidade.

Nesse momento, Damasceno pediu a palavra.

— É só analisar com novos olhos para ver que um dos principais ensinamentos que o Mestre Jesus deixou em sua passagem pela Terra foi o da simplicidade. Ele trouxe para a humanidade uma nova visão, uma nova sensação e uma nova postura diante dos problemas e desafios da vida: o do amor e da simplicidade. É nessas virtudes que se baseiam os ensinamentos da escola Astúria.

Aqui são enviados iniciados com dois, três ou mais símbolos de força, que precisam ainda aprender muito sobre o caminho sagrado da simplicidade, para assim removerem o excesso de vaidade e de soberba, para que alinhem suas passagens pela Terra no sentido de agir na direção do que realmente importa.

Querendo dar minha opinião sobre o tema, dessa vez fui eu quem falou.

– É, realmente essa é uma importante tarefa a ser cumprida, não só pelos virtuosos portadores de símbolos de força, que aqui chamamos de iniciados, mas por toda a humanidade. A simplicidade é a nossa melhor opção!

Depois do meu comentário, Cris continuou:

– Não existe espaço para o *glamour* e para a simplicidade na vida de uma pessoa: ou se vive uma ou se vive outro; eles jamais coexistirão! No segmento das pessoas que se intitulam espiritualistas, a situação fica mais delicada, porque os desafios ficam ainda maiores, principalmente nesse movimento chamado Nova Era. Atualmente, o campo das terapias naturais, das curas transcendentais, vibracionais e energéticas ampliou-se tanto que, infelizmente, a maioria dos professores atuantes nessas áreas não sabe direito o que estão fazendo e pelo que estão trabalhando. Nesse contexto, surgem pessoas querendo encontrar seu "lugar ao sol", desejando a todo custo ser notadas ou, ainda, conquistar prestígio, e assim criam métodos e teorias que só aumentam mais as complexidades nas relações com as leis naturais.

O estudo da espiritualidade precisa ser "direto e reto", com objetividade, clareza, leveza, amorosidade e simplicidade. Teorias complicadas, práticas confusas ou excessivamente ritualísticas precisam ser substituídas por caminhos de autossuperação pela busca interna de cada um, ou seja, o caminho para dentro, que é o caminho do universalismo.

Quando um espiritualista procura desenvolver seu método de ensino, promovendo cursos na área da elevação da consciência e do conhecimento sobre as leis naturais que regem a humanidade, e assim o faz sem simplicidade, envolvido pelo *glamour*, certamente ele se contaminará com sua falta de simplicidade e se intoxicará com seu próprio veneno: a vaidade!

A evolução da consciência precisa ser tratada de forma simples, pragmática, com foco nos objetivos. Muitos setores da vida humana realmente são envolvidos de complexidades naturais, por isso não estamos desprezando as áreas do conhecimento que necessitam de grande dedicação e aplicação no campo de tecnologias potencialmente complicadas. No entanto, deixemos os avanços tecnológicos ou científicos da Terra na área de especialistas treinados para lidar com questões complexas. Já o campo da elevação da moral e da relação com Deus e o universo precisa ser direto e simples!

Para concluir a explicação, agora foi Damasceno quem retomou a palavra:

– Na escola Astúria, vibramos em sintonia com as leis naturais e com os ensinamentos do Mestre Jesus e, por isso, todo o nosso método de ensino preza levar esses elementos para o virtuoso. Estejam eles se preparando para reencarnar ou mesmo já encarnados, quando recebem os aprendizados em suas projeções astrais durante o sono.

Nesse momento, fiquei curioso com aquilo tudo e desfoquei o olhar de Damasceno para apreciar os arredores da grande sala em que estávamos. Foi quando avistei um mezanino, onde havia quatro divãs posicionados a cerca de quatro metros de distância uns dos outros. Ao lado dos divãs, pequenas mesas contendo um *abajour* em cada uma delas, que permaneciam com uma pequena luminosidade acesa. Acima do divã, uma espécie de haste, como aquelas encontradas em hospitais, responsáveis por segurar o frasco de soro ou de medicamentos que são aplicados nos pacientes em tratamento.

Nesse caso, essa haste prendia um recipiente que produzia o envoltório de uma substância branca perolizada, semitransparente, parecida com um plasma. Percebi que se tratava de um campo de força preparado para objetivos específicos.

Quando voltei o olhar para Damasceno, percebi que ele queria me explicar o que eu estava vendo:

— Esses divãs estão preparados para receber os estudantes encarnados durante o sono. Os virtuosos em treinamento são conduzidos até os divãs e, após chegarem, permanecem por um tempo até a adaptação de seus corpos espirituais, que é realizada pela ação das ampolas presas nas hastes. Delas são liberados bioplasmas extraídos de cristais e plantas específicas, dinamizados por técnicos especialistas na produção desse insumo muito importante para nós. Esse bioplasma, apelidado de Ventum, age silenciosamente na aura do espírito projetado, produzindo uma assepsia nos resíduos emocionais e mentais densos ou desequilibrados, para que não prejudiquem a sintonia vibratória de nossa escola, bem como para que os estudantes projetados possam assimilar os conhecimentos que vêm buscar. Se um encarnado viesse diretamente para a escola sem passar pelo divã e tratar-se no Ventum, além de prejudicar a harmonia energética do ambiente, dificilmente conseguiria absorver algum conteúdo, pois a sua intoxicação emocional cegaria sua consciência, que se bloquearia para os aprendizados da alma.

— Qualquer um pode vir estudar nessa escola? — perguntei a Damasceno, cheio de curiosidade.

— Virtuosos encarnados são convidados, durante o sono, a estudar em nossa escola. Já os desencarnados passam por aqui antes de reencarnar a fim de serem preparados para a experiência da vida física. Ocorre que, no caso dos encarnados, para que possam aproveitar os ensinamentos disponibilizados aqui, precisam agir em sintonia com padrões morais e espirituais elevados na experiência física, escolhendo um estilo de vida saudável e regrado. Esse é o principal desafio que os virtuosos encarnados encontram, pois a maioria se distrai com as questões materiais, extremamente sedutoras e alienantes, e com isso impregnam seus corpos espirituais com tantas toxinas psíquicas, chegando aqui nos divãs "aos cacos".

Quando isso acontece, convidamos o iniciado a retornar em outra oportunidade, quando suas atitudes estiverem mais sintonizadas com os nossos propósitos aqui em Astúria.

— Então quer dizer que muitos virtuosos estão alienados ou distraídos de suas missões?

— Com certeza, Bruno. São muitos, você nem imagina. Nossa escola tem um grupo de trabalhadores que periodicamente visita esses virtuosos, convidando-os a participar de nosso programa de treinamento baseado em simplicidade e objetividade. Da mesma forma que todos os encarnados são alvo do assédio de espíritos da sombra, os quais têm interesses diversos, nós também exercemos um assédio sobre eles. No nosso caso, vamos lenta e pacientemente convencendo o iniciado adormecido da consciência de sua missão a despertar para sua missão de estimular mais irmãos na caminhada rumo à evolução.

— Então vocês são uma espécie de "obsessores do bem"? Falei isso rindo, esperando para ver a reação de Damasceno, que, de forma descontraída, imediatamente respondeu:

— Podemos dizer que sim, pois somos assediadores da luz! Mas, como você já percebeu, parece que a tarefa das sombras de alienar o encarnado sobre as verdades espirituais é mais fácil do que a nossa, embora saibamos que esse é um aprendizado a ser conquistado e, portanto, devemos esperar o momento certo.

— Somente iniciados podem estudar em Astúria?

— Não. Outras pessoas não iniciadas também podem. Temos programas de ensino para pessoas que, embora não tenham símbolos de força construídos em suas almas, estão vibrando em valores elevados. Em especial, os principais ensinamentos oferecidos pela escola Astúria estão relacionados a levar objetividade e simplicidade na aplicação de conhecimentos, projetos e realizações materiais, voltadas para o bem maior e a expansão do amor. Quando qualquer encarnado está precisando de mais simplicidade em um projeto de vida voltado para o bem maior e para a evolução da humanidade, basta que faça uma oração devotada, com a intenção do coração, que naturalmente ele será amparado por nossas escolas, ou outras similares, presentes no plano espiritual, em diversas áreas do globo. Nesses casos, os estudantes passam por programas de treinamento realizados em períodos mais curtos.

– Que legal!

Soltei essa expressão juntamente com um sentimento de alegria pela compreensão desses novos fatos... Como é bom saber que não estamos sozinhos na vida física. Como é bom conhecer o amparo que os planos superiores nos oferecem. Mergulhei nessa reflexão, expressando a Damasceno e a Cris a minha satisfação e gratidão por aquele momento. O mais prazeroso desse momento foi ver a força do olhar dos nobres amigos espirituais, porque eu senti, com toda a força do meu coração, que eles estavam muito felizes porque eu estava finalmente tendo acesso consciente a essa informação.

– Obrigado, Cristopher, obrigado, Damasceno... Obrigado, obrigado, obrigado... Vocês são muito pacientes e amorosos. Mesmo diante de tanto descaso e distração de nossa parte, vocês representam um grupo enorme de amparadores da espiritualidade, estão sempre esperando chegar o nosso momento de despertar. E, mesmo depois de tantos equívocos de nossa parte, ainda assim não nos abandonam e não desistem de nós!

Com um sentimento de amor, alegria e motivação, senti que a nossa visita estava chegando ao fim, quando Cris se pronunciou:

— Agora você entende que o portador de um ou mais símbolos de força, o qual chamamos de iniciado ou virtuoso, recebe amparo do Alto para que possa desenvolver sua missão. Mas você também percebe que ser um virtuoso não significa ser um mestre de luz, pois os desafios são enormes; além disso, muito se espera de um portador de símbolos de força.

— Sim, Cris, eu entendi bem! Estou consciente disso, também desejoso de que todos os leitores compreendam que, sendo ou não sendo iniciados, todos podem ativar grandes possibilidades em suas almas, haja vista o papel dos NECs* – explicado no livro *Ativações espirituais*, que tem esse objetivo de promover potenciais latentes a qualquer pessoa, seja ou não portadora de símbolos de força conquistados em vidas passadas de sucesso encarnatório. E que Deus nos dê força para enxergar a nossa missão com os olhos da alma, porque às vezes somos míopes nesse sentido, não é mesmo?

— Deus dará, Bruno, Deus dará! Ou, ao menos, se ele não der uma força extra, então nos enviará ao oftalmologista do espírito, para que possamos usar óculos extrafísicos!

— Você está brincando! Óculos extrafísicos? Isso existe mesmo?

Cris riu abertamente com meu espanto, mas em seguida esclareceu:

— Deus dá o frio conforme o cobertor, então não é de se duvidar que um dia vejamos espíritos sendo encaminhados aos oftalmologistas ascensionados. Mas é melhor pararmos com essa brincadeira, porque pode ser que alguns encarnados inventem essa de óculos para a alma, com lentes especiais, a fim de explorar irmãos menos conscientes, não é mesmo?

— Já vi tanta coisa, Cris, que eu não duvidaria disso...

Rimos os dois felizes pela brincadeira, curtindo aquele momento de descontração. Damasceno também sorriu. Estávamos todos felizes por aquele momento e pela conclusão daquela etapa.

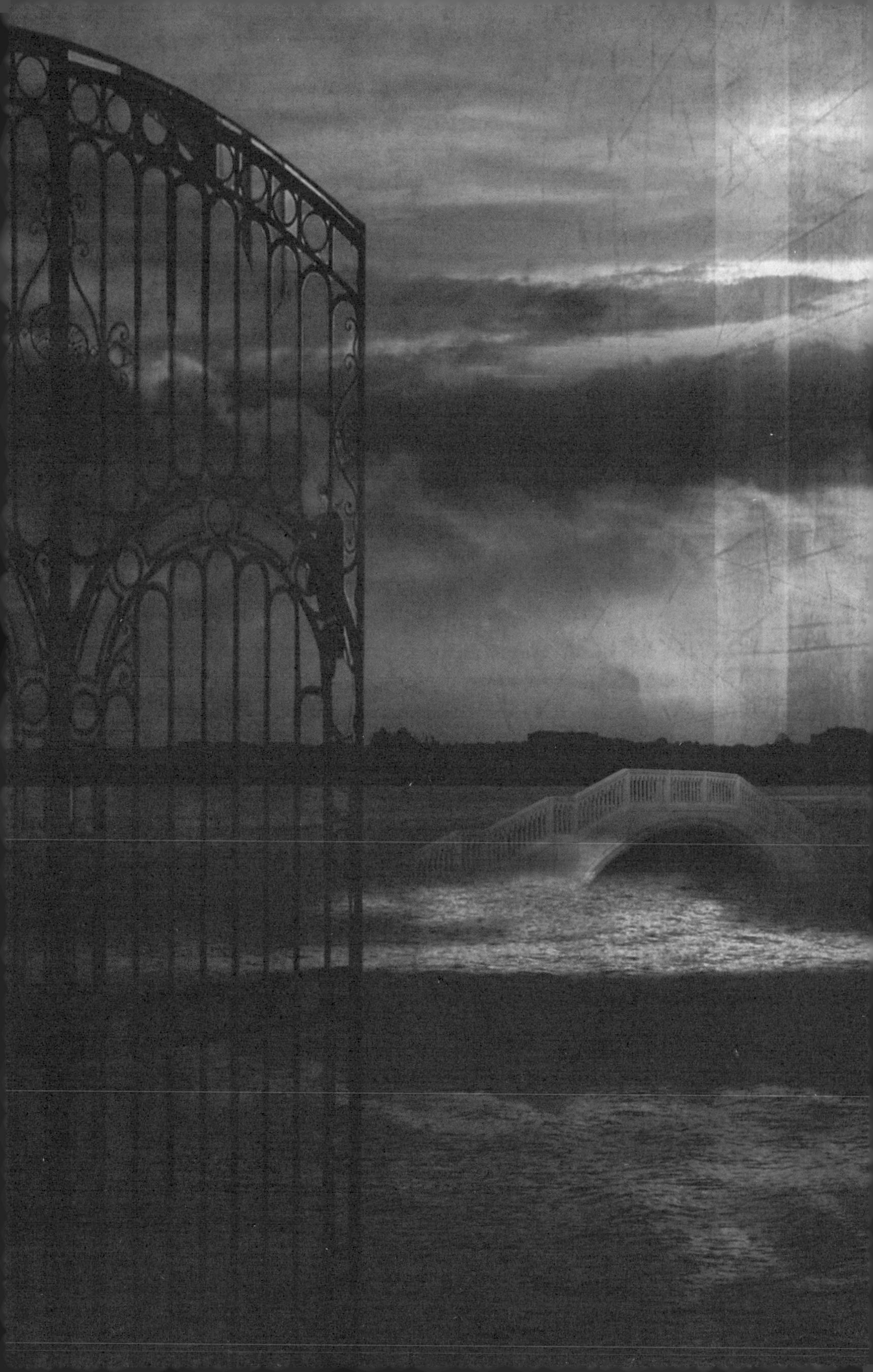

# ERROS E ACERTOS NA PASSAGEM PELO UMBRAL

– Oi, Cris!

– Oi, Bruno! Tudo pronto para mais uma jornada?

– Claro, "Mestre". Você é quem manda!

– Está bem-humorado hoje?

– Sim, claro! Eu estou sempre bem-humorado – eu disse sorrindo.

– Que bom, pois temos uma história e tanto para narrar hoje – respondeu Cris, com simpatia no olhar. – Hoje, em especial, queremos apresentar-lhe a história de um espírito que mergulhou em profundos aprendizados em ambientes densos, mas depois foi socorrido e agora está encarnado no cenário físico da existência.

Apenas pela forma como Cris me disse o que narraríamos, percebi que tínhamos uma história e tanto pela frente. Então me concentrei, relaxei, envolvido pela escuridão do céu da noite, fechei meus olhos espirituais e confiei na tutela do amigo de sempre.

Meu corpo ficou leve, minha consciência ficou leve, e sem demora me senti numa espécie de ilha flutuante. Era um local situado muitos metros de altura acima da Terra. Um ambiente lindo, leve, tranquilo. Sentia-me como se estivesse em um recanto, um lugar de natureza viva e abundante, porque era possível sentir a vibração das plantas, o frescor do ar, a beleza do solo, das pedras e o visual inebriante das lindas flores do ambiente.

Tratava-se de um local usado por grandes mestres espirituais para reuniões e encontros especiais. Naquele dia, segundo Cris, não havia programação agendada naquele local, então ele quis me levar até lá. Mesmo não havendo programação naquele dia, era como seu eu pudesse sentir a energia dos Grandes Mestres pairando por lá, era realmente uma sensação maravilhosa, redentora, empolgante.

Na pequena ilha flutuante, o que mais me chamou a atenção foi perceber a aura das plantas com tanta vida e esplendor. Eu sentia como se cada planta, flor ou árvore fosse dotada de um coração, que pulsava suavemente uma sintonia de paz e perfumes balsâmicos, pois, quando me concentrava nelas, parecia que conseguia sentir seus fluidos maravilhosos sendo irradiados na minha direção. Ah, que sensação indescritível! E os cristais então? Pareciam lâmpadas acesas que iluminavam o ambiente. Alguns violetas, outros brancos, um mais lindo que o outro.

Ao lado esquerdo do banco em que estávamos sentados, havia uma pequena fonte de água natural, formando uma belíssima gruta. A água mais parecia uma forma de luz líquida. Eu realmente me sentia no céu. A temperatura era equilibrada, perfeita, o que me fez vibrar de alegria, porque, na cidade onde moro, estávamos enfrentando um frio intenso de dois graus. Quando senti o frescor do local, eu me deliciei. Cris riu, porque sabia o que eu estava pensando.

Naquele ambiente mágico – o qual fazia eu me sentir exatamente no céu ou no paraíso – foi que Cris começou a contar a história de Madalene, o espírito hoje encarnado na casca de Cristóvão, já com vinte anos na vida física atual.

Segundos depois que Cristopher começou a falar, imediatamente fui atraído para a visão perfeita da história que ele estava narrando, como se eu realmente a estivesse vivenciando. Esse é um fenômeno muito comum que encontramos nas atmosferas espirituais, pois o universo é mental, já sabemos, mas a velocidade e a sintonia dessa lei nos planos superiores são muito rápidas mesmo, por isso não só ouvi a história, mas vivenciei-a como se estivesse, em tempo real, experimentando cada detalhe.

Para facilitar a compreensão dos acontecimentos, passarei a narrar agora tal e qual pude observar.

Estávamos andando em caravana por um lugar que mais parecia o interior de um grande vulcão prestes a entrar em erupção. Nesse ambiente de dimensões tão grandes, para todos os lugares em que eu olhava, podia ver pessoas sofrendo, larva de vulcão fumegante, e um sentimento de angústia e sofrimento pairando no ar.

Eram nove os integrantes que compunham essa caravana de trabalhadores da luz, que iam andando por trilhas envolvidas com fumaças sinistras, formando uma fila discreta e silenciosa. O integrante que ia à frente nitidamente era o maior entre eles e também o mais altivo.

Suas roupas eram compostas de um tecido especial que jamais pude ver na Terra, e todos eles usavam um capuz que escondia seu rosto. O tecido citado oscilava entre o prata e o cinza, levemente brilhante, dando a impressão de ser construído de uma espécie da malha metálica supermaleável, a qual percebi ser de uma tecnologia superior ou especial para o fim que se propunha.

Essa caravana caminhava em silêncio, entretanto todos estavam muito concentrados e sabiam muito bem aonde deveriam ir.

Enquanto andavam, eu podia ver que, por todo aquele ambiente, o qual mais parecia o abismo da Terra, havia diversas colônias de pessoas, reunidas em grupos, uns maiores e outros menores. Era deprimente o que eu observava, pois havia alguns seres com aparência completamente animalizada. Uns com cabeças que pareciam de animais, mais precisamente de hipopótamos, outros com corpos esguios e compridos, como se fossem gafanhotos em pé. Já outros mantinham a aparência humana, em completo estado de subjugação por outros seres. Não era possível verificar em algum desses grupos um sentimento de harmonia. Parecia que uma guerra sem precedentes tinha passado por lá, deixado uma marca latente de destruição e carências, e que essa região abissal da Terra não tinha nenhum recurso para suportar tamanha destruição. Era tudo quente, ao passo que também era frio, além das sensações de fome, cansaço, desolamento, desespero, agressividade e selvageria que existia no ar.

Cris, sentindo a minha afetação por conta da história a que eu assistia, pediu que eu me centrasse no propósito de narrá-la sem julgamentos. Respirei fundo, recompus minhas forças e continuei acompanhando Cristopher.

A caravana seguia subindo ladeiras, entrecortando montanhas de difícil acesso. Eram trilhas onde mal era possível andar uma pessoa, em razão da estreiteza. Nesse momento, a caravana seguia subindo uma das formações rochosas de difícil acesso. Foi quando comecei a perceber pequenas tocas nas rochas que mais pareciam ninhos de morcegos. Algumas eram maiores e outras eram menores e armazenavam em seu interior criaturas que até agora não sei precisar direito o que eram, porque pareciam ser uma mistura de homem das cavernas com algum animal acuado.

Concentrei-me na rota que os trabalhadores da luz seguiam e assim não demorou muito para que chegassem a um fim de linha, pois a trilha já não levava a mais lugar nenhum. Nesse fim de linha havia uma caverna com uma leve luminosidade lá dentro.

Anselmo, o líder do Grupo, bateu com seu cajado na entrada da caverna por três vezes, como se quisesse anunciar a chegada do grupo.

Imediatamente ouvimos uma voz dizendo:

— Namastê, Anselmo! Sejam bem-vindos, meus irmãos.

— Oi, querido Chanaia! Sempre atento, meu irmão! Mesmo com tantos afazeres, não desgruda da nossa irmã, não é mesmo?

— É, Anselmo, sabemos o quanto ela precisa sair daqui logo.

— Sim, Chan... Ela logo sairá...

— Acha que ainda não está pronta? – perguntou Anselmo, com tensão no olhar.

— Está quase, meu irmão, está quase.

— Ela já está percebendo a sua presença ou ainda não?

— Ainda não entende direito, mas começa a dar alguns sinais – respondeu o monge Chanaia com esperança na fala.

— Mas, Chan, se ela não reconhece você, que em uma experiência de vida foi um amoroso e zeloso irmão, será que vai nos perceber, simples auxiliares a serviço do Grande Espírito Criador?

— Acredito que agora, com a presença de todos vocês, poderemos conseguir bons resultados. – falou o monge, referindo-se à importância do amparo da caravana que já era esperada para ajudar Madalene.

— Madalene já está nesse local há muitos anos, o que fez com que ela tivesse seu discernimento afetado. Em sua última experiência na vida física, como integrante da nobreza de um pequeno país da Europa, abusou de seus poderes, exerceu sua liderança de forma desequilibrada, tomada de futilidade e vaidade. Por conta de sucessivos equívocos, desencarnou muito cedo, bem antes de sua hora, e aqui, no outro lado do véu de Maia, se consumiu pela culpa e pelo arrependimento. Sua dor, seu sofrimento e seu distanciamento da consciência espiritual foram ingredientes mais do que atraentes para que ela fosse escravizada e vampirizada por espíritos ainda mais perturbados, dessas zonas tão obscurecidas pela maldade e pela ignorância.

Enquanto o monge Chanaia, com calma e serenidade, explanava a história de Madalene, os integrantes da caravana formavam uma corrente de orações, já querendo elevar suas forças ao Alto.

— Entrem, aproximem-se dela – disse Chan a todos.

— Faz tempo que ela está aqui? – perguntou Anselmo.

— Aproximadamente 300 anos; entretanto, já faz 10 anos que está liberada. Desde então, ela passou a receber amparo, de forma lenta e gradual, para que aos poucos fosse se libertando do presídio mental, por conta da culpa e do arrependimento que sentia. Em um *looping* ininterrupto, ficou por mais de 290 anos se martirizando com pensamentos autodestrutivos, que não lhe davam trégua. Além disso, por conta de seu lastimável estado consciencial, foi torturada e atacada de muitas formas por mestres da maldade, dos reinos inferiores, que, sabendo de seus erros, faziam de tudo para pisar em suas feridas e piorar ainda mais seu estado, que já era completamente degradado.

Anselmo e os integrantes da caravana continuavam procurando elevar suas vibrações ao lado da pobre alma, que, aos frangalhos, mostrava aparência de um doente mental sedado. À medida que mantinham seu estado mental elevado, prestavam atenção na história de Madalene que continuava sendo contada pelo monge Chanaia.

— Quando espíritos de elevado aprendizado consciencial declinam muito em suas experiências de vida e acabam passando por situações que já não seriam necessárias, por conta de todos os aprendizados experienciados na história de sua alma, e retornam para ambientes densos como esses, são profundamente assediados e atacados, com o objetivo de que jamais consigam se erguer moralmente de novo.

Dessa vez foi Anselmo quem começou a falar:

— Sabemos que a maioria de nós precisou passar por situações como essa para aprendermos alguns valores imortais da consciência. Entretanto, eles deixam marcas profundas em nossas matrizes espirituais. Por isso, quanto menos melhor, afinal essa via de aprendizado é muito dolorosa.

— É verdade, Anselmo. Essa experiência deixa sequelas que serão obviamente transmutadas pelo tempo e pelo esforço da pessoa, mas demandam muita dedicação e empenho.

O que nos anima, nesse caso, é que Madalene já teve outras vidas de grande sucesso evolutivo, até mesmo em experiências em que seus atos contribuíram para a elevação de muitos. Certamente é esse merecimento que move o socorro de vocês até aqui, porque chegou a hora de libertarmos nossa irmã desse calvário onde ela mesma se colocou.

Aquelas palavras do monge Chan foram suficientes para que todos entendessem que era a hora de começar o trabalho mais focado. O monge e os nove amparadores da caravana, liderada por Anselmo, fizeram uma roda e começaram a rezar envolvendo Madalene em seu centro.

Naquele instante, tudo se iluminou no centro da roda, o que permitiu que o espírito de Madalene começasse a flutuar a uns cinquenta centímetros do chão. Nesse instante, Chan fez um gesto afirmativo com a cabeça para Anselmo, que usou um tipo de saco de dormir, branco, semitransparante para envolver a socorrida.

Lentamente, com a ajuda de mais dois outros amparadores, ele segurou o espírito inconsciente de Madalene, que flutuava e estava envolvido por aquele saco que mais parecia uma cápsula. Com movimentos suaves, eles posicionaram a cápsula flutuante com o espírito de Madalene até uma espécie de maca de transporte. Em poucos instantes, todos da caravana, incluindo agora o monge Chanaia, estavam deixando aquela região abissal, rumando de volta à unidade de amparo na qual trabalhavam.

Andaram por algum tempo ainda em meio às trilhas de difícil acesso, envolvidos por uma aura que envolvia o grupo, a qual, embora fosse cintilante, era também discreta. Dava para ver que essa aura conferia proteção e invisibilidade entre os espíritos perturbados daquele ambiente horrível.

Madalene era socorrida sem nenhum resquício de consciência. A tentativa de fazê-la reconhecer os amparadores, em especial Chanaia, já tinha sido feita por inúmeras vezes, mas sem sucesso. Assim que as condições necessárias foram reunidas, então ela foi retirada daquele local sombrio mesmo sem discernimento. Agora ela seria encaminhada a um posto de amparo e começaria um longo período de reabilitação energética e consciencial, para em seguida começar a planejar os elementos de sua reencarnação na Terra.

Madalene recebeu tratamento nessa unidade de amparo durante um bom tempo, até que começasse a dar sinais evidentes de melhora. Os seus cuidadores eram muito carinhosos e dedicados, e uma atenção especial foi dada para que ela tivesse sua recuperação acelerada. E foi o que aconteceu. Com uma velocidade incrível, Madalene começou a apresentar uma recuperação tão rápida e profunda que causou um grande espanto em toda a equipe de amparo. Além do mais, já interagia com todas as pessoas da unidade, já caminhava pelo recinto com grande desenvoltura e estava sempre animada.

Madalene recebia constantemente a visita de Damasceno, seu futuro professor para assuntos da consciência e da elevação, com o qual estudaria em breve. Damasceno a visitava para inspirar palavras de incentivo, alegria e amor; além disso, ele só queria iniciar seu treinamento após ter certeza de que ela havia se recuperado plenamente dos longos anos que passou em ambiente denso.

Madalene tinha uma personalidade formidável. Ela era simpática, bem-humorada, sensível, concentrada, amorosa, altruísta e muito positiva em suas palavras. Entretanto, esses traços só começaram a surgir depois de muito tempo de recuperação.

Ela ficou em tratamento intensivo naquela unidade por muitos anos. Por várias vezes ela foi submetida a um tipo de cirurgia muito delicada de **remoção de membranas**[15] de seu cérebro espiritual. Depois que ela se recuperava das cirurgias, frequentemente os resultados

---

15 - Cirurgias são realizadas em postos especializados do mundo espiritual, para a remoção dessas membranas, que nascem no cérebro espiritual do indivíduo que viveu muito tempo em zonas sombrias ou abissais do astral inferior. Elas se formam como uma defesa natural para uma proteção contra a degradação do campo mental do espírito em sofrimento. Todavia, existe o efeito colateral de impedir que a pessoa perceba a vida como ela realmente é.

surgiam nítidos e empolgantes, revelando a cada dia a luz contida na personalidade de Madalene.

O tempo foi passando e ela praticamente se tornou uma trabalhadora daquele posto de amparo. Seu trabalho em especial era sempre motivar os novos pacientes, dando-lhes força, ânimo e incentivo nas palavras, para que suas recuperações fossem rápidas e eficientes.

Assim ela ficou por um bom tempo. Mesmo sendo liberada daquele posto, por estar profundamente recuperada, ela por lá ficou, sempre envolvida por um sentimento de compaixão a cada novo socorrido.

Em determinado dia, quando acordou de manhã, ela sentiu em seu coração a força de Deus falando com ela e dizendo: "Chegou a sua hora, você precisa recomeçar!". Ela sentiu forte comoção, sentiu todo o seu espírito tocado por aquela mensagem, e no mesmo dia decidiu partir para a escola Astúria.

Então Madalene, que já estava gozando de um estado mental energizado e de uma motivação que ela não sentia há séculos, despediu-se de todos os que estavam no posto de amparo, expressando sua gratidão por tudo o que havia recebido. Ela sabia que tinha chegado a hora de continuar seu caminho, hora essa que os trabalhadores daquele posto já sabiam que estava sendo adiada por ela mesma há um bom tempo.

Emocionada e muito grata por tudo, aguardava a chegada de Damasceno para iniciar sua nova jornada. Então o professor veio buscá-la e sem demora a conduziu para a escola Astúria, onde seria treinada para sua futura encarnação na vida física.

De forma natural, emergia de dentro de Madalene um sentimento único, marcado por uma vontade forte, de fazer grandes obras em sua próxima experiência terrena. Contudo, ela não precisava que alguém dissesse a ela o que tinha que ser feito, pois começava a sentir por ela mesma qual seria a sua missão e como deveria agir.

Nesse momento da narrativa, Cris me pediu uma pausa para poder correlacionar alguns assuntos já abordados neste livro. Então, Cristopher começou a falar:

– Você se lembra do Centro de Tecnologia – Racionalismo Espiritual, já narrado nesse livro?

– Sim. – Eu disse de imediato, afinal como eu podia esquecer-me de um local tão incrível?

– Então você se lembra de que Aurélio nos disse que lá naquele ambiente ninguém precisava lembrar a ninguém sobre suas tarefas, e também não precisava ser lembrado por ninguém?

– Sim, claro! Eu me lembro bem dessa parte, pois Aurélio nos comentou que, quando cada ser estiver conectado com sua razão de existir, em um sentido mais amplo da palavra, então naturalmente a missão de sua alma será aflorada.

— Esse é o fenômeno natural que Madalene experimentou, pois começou a brotar naturalmente de dentro dela um sentido maior para sua existência no universo, ou melhor dizendo, uma razão. Além disso, uma característica marcante dos virtuosos, ou seja, dos portadores de símbolos de força, é que mais hora, menos hora, comece a aflorar um desejo intenso de viver propósitos elevados. Todo símbolo de força atua como uma bússola interior.

— Então você está me dizendo que Madalene é uma virtuosa? Que porta símbolos de força em sua alma? — perguntei afoito para Cris, pois estava curioso.

— Calma, Bruno, lembre-se de que o que mais importa não é portar símbolos de força e ser considerado um virtuoso, mas, sim, viver um propósito e realizá-lo em sua plenitude. Por isso é que muitos encarnados não são portadores de símbolos de força, conquistados em vidas passadas de sucesso, mas, mesmo assim, estão realizando uma encarnação primorosa na experiência atual, no que concerne ao sucesso evolutivo, e isso é o que mais importa.

— Sim, sim, eu entendo. — Baixei a cabeça e concordei com Cristopher, já reduzindo minha ansiedade.

— Mas então me diga: quantos símbolos de força tem Madalene?

— Quatro.

– Quatro? Nossa, quanta força ela tem...

– Não, força não, mas potencial de força, pois em outra vida ela cometeu graves erros no uso de seu discernimento e acabou se afundando em culpas e remorsos que atrasaram muito seu crescimento. É por isso que ela foi conduzida para a escola Astúria, pois, como já narramos, naquele local especial ela pode encontrar o preparo necessário para desenvolver a sua missão com objetividade e simplicidade.

– Nossa, que incrível essa história! – falei com total encantamento.

– As chances que o Grande Espírito Criador nos dá são infinitas. Por isso, mais uma vez, Madalene regressou ao mundo material para dar continuidade em sua escalada rumo à evolução de sua essência.

Depois desse último comentário de Cris, voltamos à história de Madalene e de sua ida para a escola Astúria.

Então Madalene estudou por alguns anos na presença de Damasceno, para que ela pudesse se estruturar internamente para a realização de sua missão, pois, como já narramos anteriormente, iniciados com três ou mais símbolos de força são normalmente dotados de potenciais que se manifestam na forma de projetos de grande repercussão, que afetam positivamente a vida de muitas pessoas. Sendo assim, Madalene se preparou no nível em que sua missão exigia.

Depois de muito preparo e dedicação, foi convidada a reencarnar. Antes disso, já tinha sido informada de que seria na forma de homem e que se chamaria Cristóvão. Diferentemente de outras vidas, em que seu corpo físico era dotado de uma beleza incrível e marcante, dessa vez Cristovão seria um homem de estatura franzina e de aparência destituída de traços de nobreza física, pois sua nobreza deveria surgir de sua alma e, por isso, seu corpo físico de maneira nenhuma poderia lhe ser uma armadilha.

Cristóvão reencarnou como filho de um casal que o concebeu com muito pouca idade para os padrões atuais. Seu pai tinha dezenove anos e sua mãe, dezessete. Eles eram também franzinos e de saúde frágil e, por isso, não demorou muito tempo para que ele se tornasse primeiro órfão de mãe e um pouco mais tarde, órfão de pai.

Com dezessete anos de idade, passou a morar junto a um abrigo-escola para crianças que era mantido por religiosas. Por intermédio de alguns vizinhos de onde morava com seus falecidos pais, conseguiu ser aceito por esse abrigo.

Lá, desempenhava o papel de assistente na biblioteca, ajudando os pequenos nos estudos e na recreação nos intervalos. Por alguns meses ficou envolvido por uma tristeza grande, em decorrência da vida de órfão, mas o tempo passou e ele aos poucos foi superando tudo. Logo depois dessa fase, seus potenciais latentes começaram a brotar. Tornou-se um estudioso dos mais aplicados, e assim se fez um dos mais novos professores da escola. Ensinava de ciência a religião, de filosofia a matemática, com tanta simplicidade e leveza que parecia ser um professor com muitos anos de experiência. Da mesma forma que se envolvia em tarefas corriqueiras, que necessitavam de trabalho braçal no abrigo, também começou a ajudar no planejamento administrativo da instituição, que, por conta de sua ajuda, começou a apresentar grandes melhorias em todos os aspectos.

Nesse momento em que atentamente observo Cris contando a história de Cristóvão, para poder narrar neste livro, sou informado de que ele já fez vinte anos de idade e que está prestes a começar um projeto humanitário que irá beneficiar milhares de pessoas carentes.

Perguntei a Cris qual é a localidade em que Cristóvão se encontra atualmente encarnado, e o amigo me mostra apenas a representação do que seria o mapa da América Latina. De coração eu também percebo que é um país latino-americano. Contudo, quando quero ir mais além, para saber mais detalhes de Cristóvão, meu orientador já me oferece um olhar que pronuncia que não devemos ir adiante. Eu obviamente respeito a vontade de Cristopher e agradeço por tudo que aprendi com essa bela história.

Cris me alerta de que as pessoas não estão prontas para saberem determinados detalhes que não são o mais importante, e de forma até risonha ele já me adianta que, quando os leitores ficarem sabendo da história de Madalene e mais tarde, de Cristóvão, já começarão a fazer uma pesquisa incessante para encontrar mais elementos dessa história. Em especial, muitos poderão "varrer" a América Latina querendo encontrar o virtuoso Cristóvão. E para concluir ele diz:

– Que cada um possa encontrar o virtuoso que existe dentro de si. E que cada um possa construir seus símbolos de força vivendo seus propósitos e ativando seus NECs.

Assim, depois desse profundo comentário do amigo Cris, já sinto que nossa tarefa por hora está concluída. Agradeço de todo o meu ser pela oportunidade de servir como escritor para narrar essa incrível experiência de redenção espiritual. Com alegria no coração, eu e Cris nos damos as mãos e fazemos uma oração para encerrar as atividades da noite.

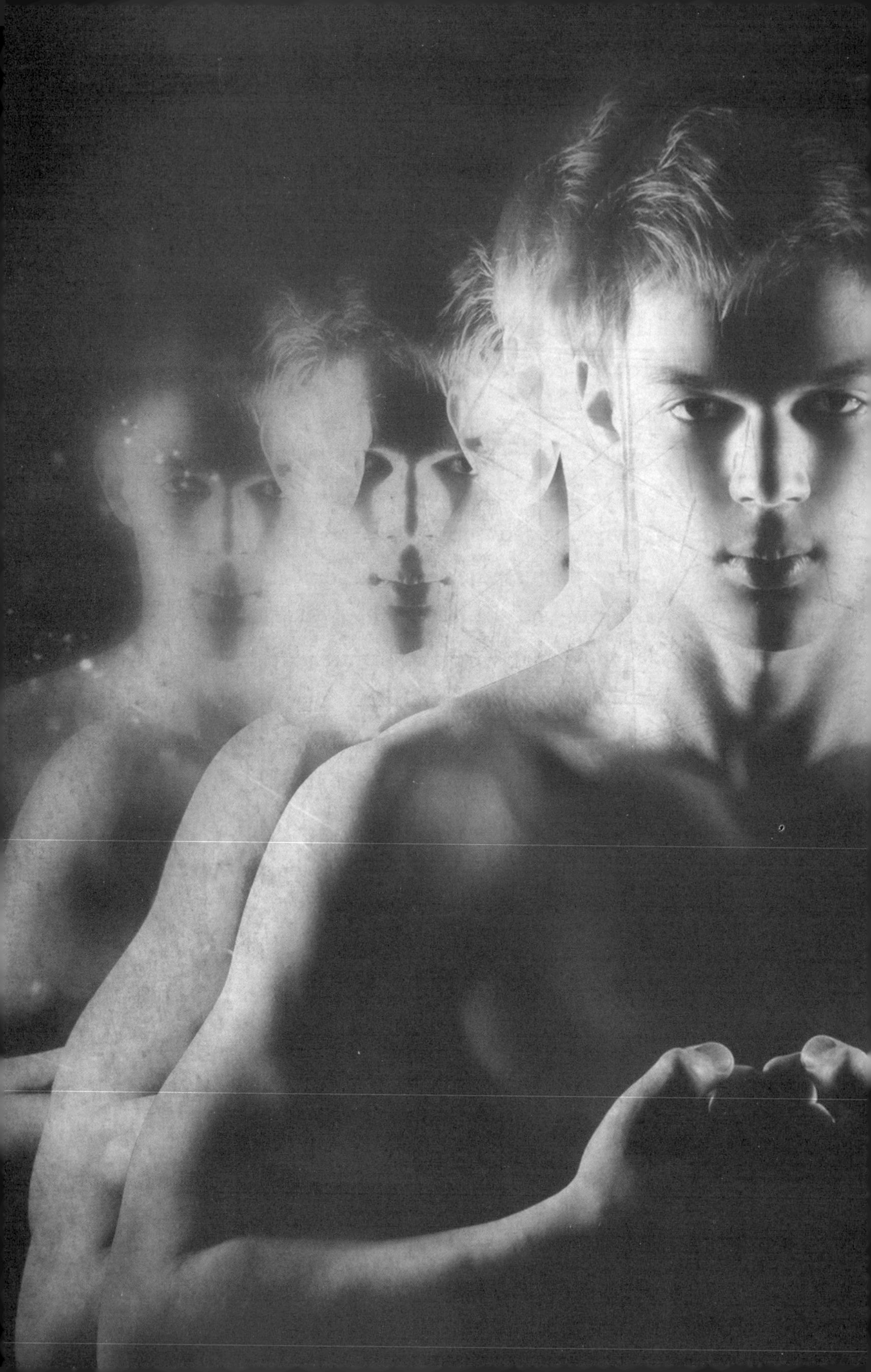

# AS MEMBRANAS DA CONSCIÊNCIA E A CEGUEIRA DA ALMA

*Por Cristopher*

*Por que tantas pessoas* são pessimistas e têm tantos problemas com autoestima?

Quando pontuamos assuntos como esse, sempre temos o cuidado de explicar que estamos avaliando o tema pelas lentes do conteúdo que o livro exprime, portanto queremos aproveitar as narrativas do projeto literário para posicioná-las em relação a algumas questões observadas que poderão ser mais bem exploradas no contexto da evolução espiritual. Essa observação se faz importante para esclarecer que a problemática da autoestima exaurida das consciências humanas – bem como as recorrentes ondas de pessimismo que assolam a humanidade – não é unicamente causada pelas membranas explicadas a seguir.

O otimismo e a autoestima são grandes montanhas a serem escaladas com ajuda dos potenciais que cada indivíduo se dedica a conquistar, portanto pessimismo e falta de autoestima nunca serão resultantes de uma única causa, assim como um oceano não é constituído por uma única gota d'agua.

Observando algumas questões narradas nas histórias citadas neste livro, algumas anotações se fazem necessárias, porque podem construir descobertas no campo do conhecimento dos mundos espirituais. Entre essas observações está o tema **membranas**, narrado na história de Madalene/ Cristóvão.

Esse assunto guarda grande relevância no tocante a processos de doenças mentais de encarnados, ou mesmo a influência que exerce no que chamamos na Terra de "Q.I.".

Para descrever melhor o assunto, começamos a esclarecer:

À medida que um espírito é submetido por longos anos de tortura mental e emocional nas regiões do astral inferior, seu cérebro espiritual oferece um mecanismo reativo automático, que ocorre como uma proteção natural. Essa proteção acontece construindo camadas de tecido de matéria astral ultrafina, que mais parecem membranas, as quais servem de proteção contra contínuos ataques energéticos realizados por entidades sombrias, bem como pela própria nocividade energética dos ambientes nefastos.

Esse mecanismo ocorre como a cicatrização de uma ferida, que gradativamente forma uma casca, a qual protege e acelera a cura do ferimento. Entretanto, no caso da formação das membranas, embora elas sejam importantes na tarefa de proteger o espírito da demência – pois impedem parcialmente a passagem de vibrações doentias destrutivas –, elas acabam contribuindo para um processo de "imbecilização" da pessoa. Em outras palavras, se por um lado as membranas podem proteger contra a perda do discernimento e da degradação intensa do campo mental, por outro lado podem levar a um processo de diminuição do potencial intelectual e muitas vezes a "imbecilização".

E, de forma geral, em casos menos graves, as membranas dificultam que o indivíduo entre em sintonia com a sua razão de viver ou missão de sua alma, por isso é tão importante que sejam removidas.

Na Terra, existem pessoas com grandes dificuldades de aprendizagem, por conta de recentes passagens que tiveram por ambientes espirituais como os narrados na história de Madalene. Muitas vezes são necessárias várias vidas de estudo, dedicação e crescimento espiritual para que essas membranas sejam removidas e a pessoa encontre-se com sua própria essência na forma mais latente e pura. Em alguns casos, como o de Madalene, em função de seus projetos futuros na vida material e com base em seus méritos de vidas passadas, cirurgias foram realizadas, com tecnologias superiores, em postos especializados do mundo espiritual, para a remoção dessas membranas antes mesmo de reencarnar.

Ao leitor que fique bem claro que nem todos os processos de "imbecilização" ou de grande dificuldade de aprendizado na Terra estão ligados a casos como esse. Cada caso é um caso, e o mais importante é saber que a busca espiritual constante, a conduta de vida baseada em atitudes de elevado padrão moral e os bons hábitos sempre podem purificar nosso espírito, entretanto essa é uma tarefa de cunho pessoal, de responsabilidade intransferível, portanto jamais passível de "terceirização".

Assim sendo, tudo o que for feito no sentido de permitir que a pessoa encontre energias curativas da natureza, que participe de grupos voltados à busca da elevação espiritual, que se alimente de maneira equilibrada e consciente, que leve uma vida pautada no amor e no respeito ao próximo, que tenha disciplina espiritual para manter o "orai e vigiai" constante na tratativa com os aspectos da evolução da consciência será uma grande contribuição para a remoção desses mecanismos naturais da criação humana.

Lembremos que esses espíritos que passam por momentos infelizes em ambientes densos no nível extrafísico da existência constituem a maioria da população atualmente encarnada, ou seja, em algum momento, a maioria dos seres viventes já foi testada nos ambientes infernais. Entretanto, em nenhum momento houve equívoco na justiça divina, pois tudo sempre ocorreu em perfeita ordem e necessidade. O que alimenta o umbral são as emoções naturais do ego negativo. Em contrapartida, o que transmuta o inferno em céu são as atitudes Crísticas, baseadas no bem maior e na evolução do amor.

Cada ser que um dia passou "na mão" dos espíritos subjugadores do abismo humano assim fez por merecer, porque ajudou a construir tal condição com base em seus comportamentos e em especial por portar – no sentido de estar impregnado – um lodoso e pestilento orgulho da cabeça aos pés. Aqueles que souberam "dobrar os joelhos de sua alma" nem chegaram a habitar as zonas sombrias ou, no mínimo, ficaram lá por menos tempo.

As membranas são fruto de nós mesmos! Nós as criamos e, por isso, nós devemos transmutá-las. No entanto, que fique bem claro que, no momento em que elas forem eliminadas por completo, a miopia consciencial, que é a cegueira da alma, deverá desaparecer, abrindo portas para um novo mundo em amor, em atitudes coerentes, sintonizadas com a Razão Maior. Por hora, basta que foquemos nossa atenção na busca de uma vida sintonizada com valores morais elevados, e assim, essa herança particular das membranas, deixada por nós mesmos, serão transmutadas nos próximos passos de uma humanidade mais consciente.

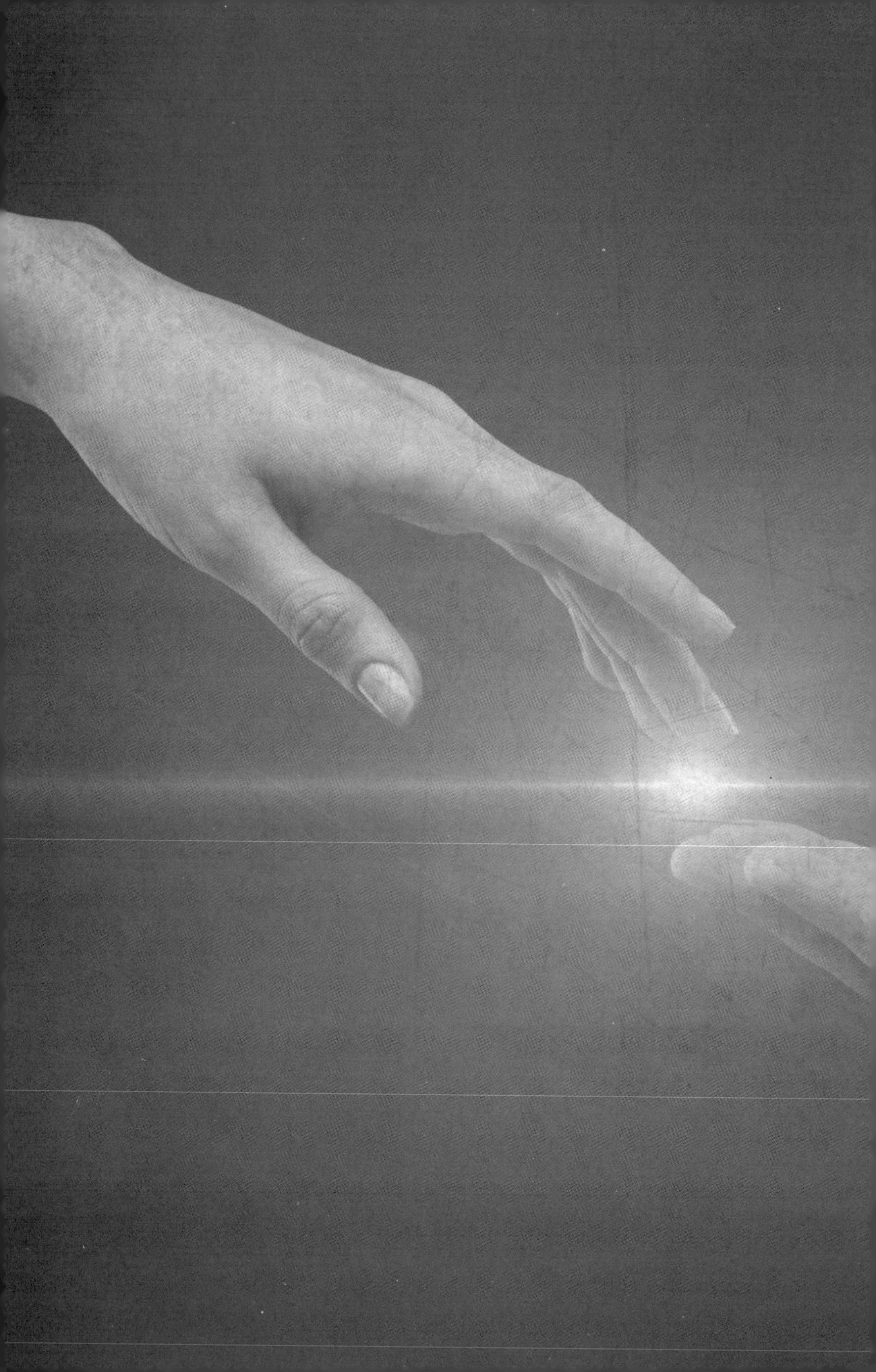

# OS GRANDES INICIADOS: EXEMPLOS PARA TODOS NÓS!

*Naquela noite*, quando me senti fora do corpo, e que meu espírito ganhava consciência na dimensão extrafísica, imediatamente avistei Cris em meu quarto.

Com o seu olhar doce, ele pediu que eu olhasse através da janela e apreciasse o céu estrelado. Pediu que eu me mantivesse em estado de serenidade e que contemplasse a beleza da noite que nos envolvia.

Fiz o que ele pediu e fiquei contemplando o *show* de luzes que é um céu estrelado. Enquanto me alimentava com a visão maravilhosa, Cristopher começou a falar, mas a sua fala não acontecia na forma normal com que estou acostumado, pois parecia que ela se expressava em um tom poético, de maneira muito profunda e emocionante. Cris falava não apenas direcionando o conteúdo para mim, mas de forma coletiva. Era como se o nobre amigo estivesse em transe, pois parecia que ele estava envolvido por uma força superior. E assim ele disse:

— Já sabemos e já narramos, neste e em livros anteriores, que todos somos assediados espiritualmente. Esse assédio pode ser por parte da Luz ou das Sombras. A nossa sintonia pessoal, construída com base em nossas emoções, pensamentos, sentimentos e atitudes, determinam o que vamos atrair: assédio da luz ou das sombras. Mesmo assim, ainda podemos nos sintonizar em vibrações nobres e sermos assediados pelas sombras, como também podemos nos sintonizar em condições precárias e, ainda assim, sermos assediados pelos seres de luz.

Quando o assédio é feito por seres destituídos de amor e respeito, sem fins de moral elevada, nós os consideramos obsessores.

Quando o assédio é feito por seres com objetivos elevados, sintonizados com o bem maior, nós os consideramos como amparadores, guias, mentores ou amigos espirituais.

Pela natureza da vida, sabemos que a interação entre o plano espiritual e o plano físico é tão íntima como a relação do ovo e da casca, pois estão intimamente ligados. Um existe para que o outro exista, portanto estão interagindo o tempo todo.

O plano físico e o plano espiritual coexistem no espaço de nossa existência, ou seja, não temos como bloquear essa interação, mas temos como trabalhar no sentido de fazer com que ela seja a mais saudável possível.

Não há como evitar: o assédio espiritual é constante, atuante, exatamente como o ar que respiramos. Nossa única escolha é se respirarmos um ar puro ou poluído, o que na prática quer dizer: se nossa sintonia será com assediadores do bem ou do mal. Agora, neste exato momento, estamos em sintonia com o plano espiritual, então faça uma oração de coração aberto, receptivo, com intenção pautada no amor, para que os seres de luz venham até você e lhe inspirem nos melhores valores e sentimentos. Só isso basta por hora!

Então silencie a mente e sinta a melhoria no seu padrão vibracional, pois sua energia pessoal melhorará em instantes. Se você gosta de testar tudo na prática, então avalie agora e veja os resultados.

O mais importante é que saibamos, definitivamente, que, quando agirmos com descaso, sem consciência, sem atenção a princípios e valores de elevada moral, pautados no amor, no equilíbrio, no respeito e na ***regra de ouro***[16]. Como consequência natural, seremos assediados pelo lado nocivo da existência espiritual, e é justamente o que devemos evitar.

Nesse momento, Cris silenciou. Eu olhei e percebi que ele tinha uma forte luminosidade em suas costas, como se uma ponte de luz se abrisse atrás dele. Nesse instante, ele abaixou a cabeça e expressou um sentimento de emoção e elevação. Foi quando eu vi se aproximar do quarto, surgindo exatamente por aquela porta atrás de Cris, a presença de Mestres Espirituais.

Antes de reconhecer ou identificar a imagem desses nobres seres de luz, Cris se ajoelhou, apoiando seu cotovelo direito sobre seu joelho direito fletido, com a sua mão aberta voltada para cima e disse:

– Salve, Grandes Iniciados!

Fiquei sem ação, quase atordoado com a ideia de

---

16 - Não faça para o seu próximo o que não gostaria que lhe fizessem e ame seu próximo como a si mesmo.

receber e visita de Grandes Seres Iniciados, mas, assim que recobrei meu discernimento, meio que de forma instintiva, repeti o gesto de meu amparador Cris e também disse:

– Salve, Grandes Iniciados! Quanta alegria há em meu coração!

Foi quando vi primeiramente a presença de Benedito. Um ser de estatura alta, pele negra, corpo ereto, calvo e com cabelos grisalhos. Nesse dia, ele vestia uma roupa branca, mais parecida com uma espécie de um terno, só que não tão formal. E, em sua mão direita, portava um lindo cajado, em cujo cabo havia uma espécie de diamante. Então o amoroso Benedito me saudou e disse:

– Salve, meu filho, que a Divina providência se estabeleça em seu coração e que ilumine e purifique as mazelas da sua alma, hoje e sempre!

Benedito soltou o seu lindo cajado, que reluzia uma aura branca prateada, veio mais próximo de mim e com o polegar tocou o centro da minha testa. Falando palavras em tom de murmúrio, com sua mão fechada, tocou o polegar no meu sexto chacra, nitidamente desenhando algo.

Senti como que se eu tivesse explodido por dentro. Para tentar traduzir a sensação, acredito que seja como a de estar mergulhado em uma piscina e, ainda submerso, sentir cair na água um bloco de concreto de uma tonelada.

O estrondo interno e o impacto que senti foram algo parecido com isso.

Imediatamente senti-me flutuando no céu estrelado que minutos antes eu estava contemplando. Junto de mim, um símbolo místico parecido com um hexagrama ou estrela de Davi rodopiava com vida ao meu redor, enquanto eu continuava flutuando pelo universo, livre, leve, sereno.

Pouco tempo depois, vi-me em um lugar lindo, envolvido de uma beleza natural encantadora. Imediatamente me senti acomodado em um banco no jardim mágico daquele local. Um amigo espiritual veio até mim e disse:

– Eles vêm te ver!

Eu estava embriagado, meio fora de mim, mas achei um tempo para raciocinar e pensar: Eles quem?

Não precisei pensar muito, pois alguns segundos se passaram até que eu percebesse, chegando até mim, as presenças de alguns grandes seres. Para citá-los, quero que você, leitor, entenda que, antes mesmo de visualizar a imagem desses grandes seres, o ambiente que os recebe já começa a acusar a presença do mestre que surgirá, porque seus potenciais têm amplitudes inimagináveis para a percepção humana.

Sentado naquele banco, senti a presença de Karol Józef Wojtyła, papa João Paulo Segundo, que não quis ser chamado assim, mas apenas como um servo do Senhor.

Completamente envolvido em humildade, ele se ajoelhou diante de mim e disse:

— Acreditem nos seus sonhos sempre, desde que esses sonhos estejam alinhados com a obra de Deus! Deus sempre tem uma obra que é boa para Ele e melhor ainda para vocês. Descubram esse trabalho e nunca mais vocês precisarão buscar a felicidade, pois ela brotará diante de cada momento!

Havia tanta humildade, tanto amor e tanta ternura em seus olhos que eu mal conseguia me mexer, tamanha a minha afetação. E, para finalizar, antes de ir embora ele ainda disse:

— Nunca briguem com vocês mesmos! Nunca devemos brigar com nós mesmos; devemos ser altivos, firmes e amorosos, mas tolerantes também.

Depois disso, ele se foi e a aura do local já começou a se modificar novamente. Nisso senti a presença de Paramahansa Yogananda. Ele veio caminhando em minha direção e disse:

— Nunca abandonem uma visão interior, jamais deixem de lado um sentimento que brota quando este for voltado para ajudar o mundo. Se não conseguirem fazer tudo, façam tudo que for possível para fazer pelo menos um pouco. Alimentando ao próximo, vocês alimentam a chama da igualdade e por consequência encontrarão seus lugares ao sol. Sejam o que vocês podem ser, desde que vocês sejam honestos e sinceros com seus sentimentos. Nunca abandonem um sonho que nasce quando seus orgulhos morrem, pois eles indicam a direção da correnteza universal. – Yogananda me olhou nos olhos, beijou a minha mão direita e foi embora.

Eu não conseguia mais aguentar aquilo. Estava feliz e realizado, mas me sentia mal por ver aqueles Grandes Iniciados se ajoelhando diante de mim, beijando a minha mão. Estava achando aquilo um erro. Como podiam seres daquele elevado quilate espiritual se dobrando diante de mim?

Contudo, "essa turma" é assim mesmo, é pura humildade e amor. Quanta verdade em seus olhos, quanta conexão com Deus!

E assim surgiu Madre Teresa, firme, decidida, coerente e objetiva, dizendo:

– Deixem de lado tanta coisa que nunca usarão e que jamais servirão para alimentar suas almas. Dispam-se das cascas grosseiras, pois, nas montanhas da vida, elas só representam incômodos que deixam o ser humano pesado e cansado. Busque a leveza que só a simplicidade traz.

Madre Teresa não sorriu muito, não se expressou de forma tão carinhosa como eu imaginava, porque seu amor é manifestado de forma muito diferente. Ela é objetiva, direta, simples e honesta.

Depois de Madre Teresa surgiam outros seres,

também de elevado quilate moral e espiritual, mas alguns apenas desfilavam à minha frente, passando bem próximos a mim. Uns orientais, outros ocidentais, uns brancos, outros negros, outros índios. Uns vestidos formalmente, já outros com roupas quase primitivas. Eram tantos que já não conseguia acompanhá-los. No entanto, sabia que eram iniciados, ou, melhor dizendo, Grandes Iniciados, espíritos que, ao longo de inúmeras encarnações, obtiveram sucesso em suas buscas evolutivas e agora, de diversas formas, integram o "time" do Grande Espírito Criador, para essa jornada de elevação da consciência da humanidade encarnada.

Comecei a desenvolver internamente um sentimento – que surgia sem que eu premeditasse – de que todos podemos ser Grandes Iniciados um dia, pois temos diante de nós toda chance e amparo, basta querermos.

Percebi que fui transportado para aquele jardim – que mais tarde soube que se chama Jardim dos Iniciados – apenas para ampliar minha visão acerca do trabalho da Luz, no âmbito do despertar dos valores espirituais da humanidade. Quero dizer, em outras palavras, que esses seres estão nos mostrando que qualquer um pode estabelecer sintonia espiritual com eles, basta querer, pedir e se dedicar.

Então o Jardim dos Iniciados ficou novamente vazio. Meu estado de embriaguez começou a passar, e então me voltei a rezar e agradecer. Agradeci com o coração sereno e leve por aquela experiência suprema. Fechei meus olhos para mergulhar ainda mais naquele sentimento e suavemente fui retornando para o ambiente do meu quarto. Lá chegando, ainda via Cris à frente daquela porta de Luz e Benedito sentado ao pé da cama, esperando-me.

Voltei, sentei-me à cabeceira da cama e agradeci a Benedito pela experiência que ele tinha me proporcionado. Então ele me disse:

– Calma, filho, tem mais uma coisa ainda...

Dessa vez foi Benedito quem abaixou o olhar e disse:

– Salve os Grandes Iniciados.

Então eu os vi, Saint Germain, Ramatís e Jesus, aproximando-se... Com eles sentia a presença de um cântico sagrado, fazendo com que as vibrações do quarto ficassem perfumadas. Como não é de se estranhar, eles se aproximaram sorrindo, como se entre eles já estivessem dialogando algo descontraído.

– Virtudes são virtudes quando elas são oferecidas e apreciadas. Nada é mais desgastante que uma árvore que produz frutos para serem desperdiçados. Quando a Mãe Terra germina em seu seio o fruto da vida, ela quer que todos os seus filhos degustem o alimento sagrado. Uma virtude no coração de um ser é como um fruto que deve ser oferecido para consumo.

Assim Ramatís começou e, segundos depois, continuou:

— Um virtuoso é aquele que faz valer a sua virtude. Mesmo que sejam poucas, ainda assim serão muitas se empregadas em suas máximas potencialidades. Virtudes são feitas para beneficiar o mundo, uma vez que, se não forem utilizadas, estarão intoxicando o indivíduo, porque apodrecerão dentro de seu próprio ranço belicoso e sentimental. As virtudes foram feitas para serem consumidas, assim como a fruta que nasce de sua árvore.

Ramatís falava e eu ouvia, tendo os meus olhos vidrados, pela simplicidade e sabedoria que eu percebia fluir de suas personalidades. Além disso, percebi que eles queriam se mostrar como irmãos, demonstrando, do alto de sua humildade, que todos somos um. E então, após Ramatís, foi Saint Germain quem falou:

— Sentimentos bons necessitam ser expressados sempre, porque só assim poderemos aniquilar os ruins. É a balança da vida, que precisa ser conduzida com sabedoria, porque, quando colocamos pesos apenas no lado negativo, então o positivo sucumbirá. Simples assim é a matemática da sabedoria. Portanto, viva o seu lado luz se você não quiser que a sombra exista com tanta força. Acreditar que a sombra é maior que a sua luz é como aceitar que a criatura não tem um criador: uma incoerência.

Por último, foi Jesus quem se pronunciou:

— Sentir a vida fluir pelas veias é uma forma de saber-se ilimitado, amparado e amado. Um homem que não se sente amado, que se sente acuado, é porque não sabe se olhar no espelho, pois o seu reflexo revela o que a Existência Maior nos diz: ela só existe por nós e para nós. Por isso, só existe a vida porque nós somos a Razão! Você carrega consigo a razão da Existência Maior, por isso nunca se sinta só!

Sorrindo, todos contemplavam o momento: Cris, Benedito, Saint Germain, Ramatís e Jesus. Eu particularmente me sentia anestesiado. Contudo, depois de uma espécie de solavanco, eu recobrei e consciência e disse:

— Obrigado, obrigado, obrigado. Mil vezes obrigado! A gratidão que sinto pela oportunidade de estar na presença de vocês é inefável, pois me dá força, alegria, confiança e tudo de melhor. Obrigado, amigos! Como é bom ter amigos! Vocês são meus amigos! Obrigado, Cris, você sempre acreditou em mim e sempre tolerou minhas falhas! Obrigado, meus irmãos! Que eu possa sempre saber representar as diretrizes da obra do Grande Arquiteto! Salve o Grande Arquiteto! — Foi o que eu disse, quase explodindo de dentro para fora.

— Salve. — foi o que todos disseram, já se despedindo e voltando por aquela porta da qual vieram.

Mesmo depois de algum tempo ter passado após a partida dos Grandes Mestres, ficaram pelo quarto, rodopiando, como fogos de artifícios, várias figuras geométricas brilhantes, impregnando a aura local com perfumes balsâmicos.

Agradecido, e até mesmo tonto por essa efusão de energias sublimes, senti, com todo o meu coração, que mais uma etapa estava concluída.

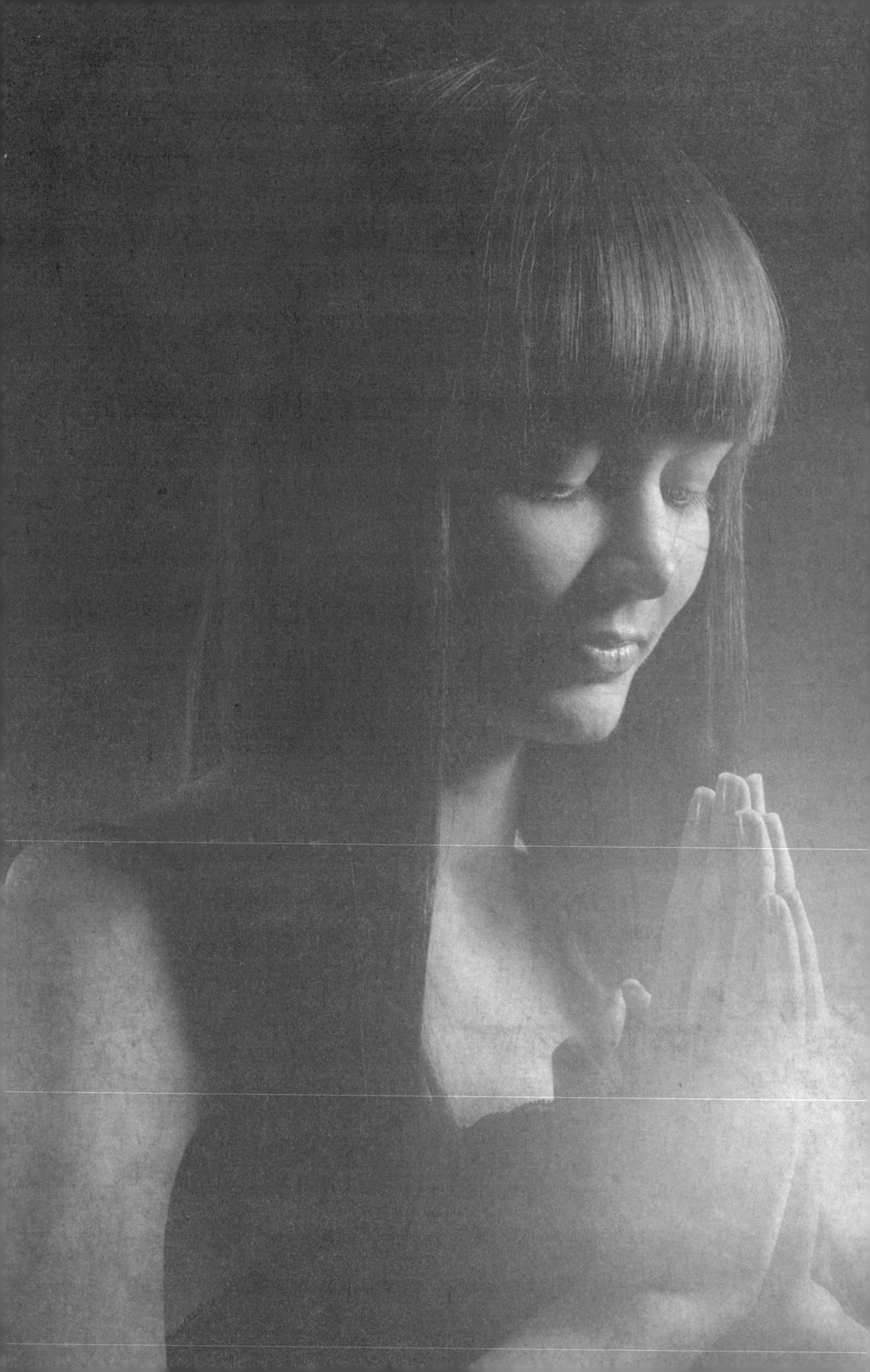

SE NÃO SOU
INICIADO,
ENTÃO SOU MENOS
DO QUE OS
OUTROS?

*Durante toda a* construção deste livro, os amparadores espirituais fizeram incisivas observações quanto a esse assunto. Definitivamente, o que importa não é ser um portador de inúmeros símbolos de força, mas o que é realmente determinante para o sucesso evolutivo de qualquer ser é que ele viva uma vida com base em valores elevados, sintonizados com a real finalidade de sua existência que é a expansão do amor, a cura das emoções inferiores, a harmonização nas relações com todos os seres e a geração de atitudes voltadas ao bem maior. Isso é essencial; o resto é opcional de cada um.

No livro **Ativações espirituais – Obsessão e evolução pelos implantes extrafísicos**, aprendemos como ativar os NECs (Núcleos Energéticos de Consciência), que podem produzir efeitos incríveis no sentido da aceleração da nossa evolução, cura e bem-estar. Portanto, pelo que aprendi nesse meio tempo, os NECs são como símbolos de força provisórios. Digo provisório porque, uma vez que a pessoa não expressar em atitudes as qualidades com as quais o NEC estiver impregnado, então esse naturalmente se desintegrará. Isso porque o NEC ou a Apometria, ou a sessão de Reiki, ou a desobsessão no centro espírita, ou a visita ao psicólogo, terapeuta, analista, médico ou o especialista que for, é apenas a ferramenta. Os trabalhadores somos nós, que usamos uma ou outra ferramenta, de acordo com o trabalho. Não existem milagres nesse contexto, apenas ferramentas para otimizar nossa tarefa de evoluirmos em essência.

O que faz de você um iniciado é o seu conjunto de valores, seu padrão moral e suas atitudes voltadas à construção de um estilo de vida que produza melhoras em si próprio e em terceiros e que ajude a expandir o amor sobre a face da Terra.

Você sendo ou não um portador de um ou mais símbolos de força, nada mudará se você não viver o seu propósito na sua existência. Somos sempre nós que decidimos, somos nós que aceitamos ou não a sintonia com os valores espirituais e com a missão que desejamos realizar. No momento em que desejarmos fazer o melhor, nos ajudar e "ajudar Deus" nessa missão de evoluir, então naturalmente estaremos sintonizados com a nossa Razão de existir. Entretanto, que esse processo seja despertado com leveza, com inteligência, respeitando a regra de ouro, pois, se não for assim, de nada adiantará.

Se você se alinhar a esse mecanismo, então naturalmente os sintomas de um despertar irão surgir dentro de você, sinalizando que as antigas coisas não servem mais, que o estilo alienado ou exageradamente materialista não tem mais espaço em sua vida. Pode ser que você experimente um pouco de tristeza, um pouco de depressão, que se sinta isolado no mundo, como um peixe fora d'água. Pode ser também que você sinta que o dinheiro não mais pode comprar sua felicidade, mas que você precisa estar de bem com ele. Você também poderá começar a ter prazer em olhar as pessoas no fundo dos olhos delas, querendo enxergar suas almas, de uma maneira que jamais tinha feito.

Alinhando-se à sua Razão, você sentirá que o melhor da vida é a simplicidade, porque esse estilo de vida nada tem a ver com pobreza, e sim com inteligência e objetividade. Você perceberá que o alimento da simplicidade é a verdade e, uma vez que estiver bebendo dessa Fonte, você se sentirá livre. Uma vez livre, você sentirá o Todo e saberá que você, ao mesmo tempo que é insignificante perante a vastidão do universo, é totalmente importante no contexto da missão que Deus tem para você. Quando você viver assim, viverá o seu melhor, pois encontrará a sua mais nobre face, já que, ao olhar-se no espelho, verá o "rosto de Deus" refletindo o seu próprio rosto. E o melhor, não se envaidecerá por isso; apenas expressará a sua gratidão.

Alinhe-se com seu propósito, querendo olhar através das lentes da espiritualidade e da consciência, porque são elas que enxergarão além do véu da ilusão que tanto separa as pessoas delas mesmas.

Podemos começar agora, podemos começar depois, a escolha é nossa. Entretanto, começar depois pode ser um desperdício de energia, porque estamos condenados à felicidade, e nos encontraremos, um dia, em algum lugar, com a nossa essência mais pura e luminosa, que já brilha forte, intensa e magnética, esperando que nossas ações conscientes removam suas cascas, seus véus e seus envoltórios, para cintilar livre e latentemente, porque assim somos: Luz!

Obrigado por sua companhia em mais uma jornada!

Que a Luz do Grande Espírito Criador ilumine seus passos.

Eu sou o outro você!

Eu sou nós!

Eu sou nós!

Eu sou nós!

Até a próxima.

Com todo meu respeito e gratidão,

*Bruno J. Gimenes*

*Se você se alinhar a esse mecanismo, então naturalmente os sintomas de um despertar irão surgir dentro de você, sinalizando que as antigas coisas não servem mais, que o estilo alienado ou exageradamente materialista não tem mais espaço em sua vida. Pode ser que você experimente um pouco de tristeza, um pouco de depressão, que se sinta isolado no* mundo, como um peixe fora d'água. Pode ser também que você sinta que o dinheiro não mais pode comprar sua felicidade, mas que você precisa estar de bem com ele. Você também poderá começar a ter prazer em olhar as pessoas no fundo dos olhos delas, querendo enxergar suas almas, de uma maneira que jamais havia feito.

# Outras Publicações

**Luz da Serra**
EDITORA

## FALANDO DE VIDA APÓS A MORTE
### WAGNER BORGES

*LANÇAMENTO*

É uma busca no passado que traz à tona a herança deixada pelos sábios que atingiram os níveis mais altos de consciência. Talvez a humanidade não perceba que as mensagens de Buda, Krishna, Gandhi, Jesus e outros seres iluminados nunca foram tão necessárias e atuais. Nesta obra, a autora reúne as propostas de evolução que cinquenta grandes almas apresentaram à humanidade.

**ISBN:** 978-85-7727-153-5
**Edição:** 2ª
**Páginas:** 336
**Formato:** 16x23cm

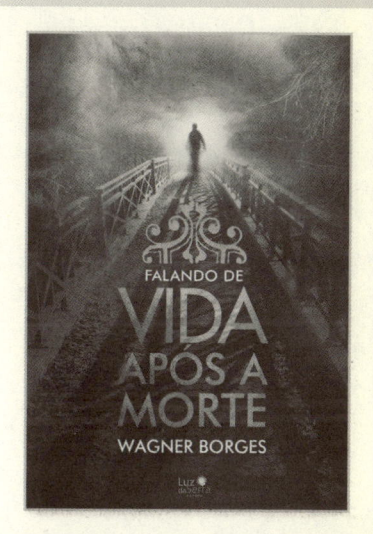

## ECOLOGIA DA ALMA
*A jornada do espírito e a experiência humana*
### PATRÍCIA CÂNDIDO

Este livro nos mostra que se não compreendermos o que a autora chama de ecologia da alma, possivelmente estaremos navegando em águas revoltas com nossas emoções, pensamentos, sentimentos, relacionamentos e realizações e, por consequência, poderemos sofrer, sentir dor e revolta.
A proposta é objetiva: preparar nosso espírito para a experiência humana e nos qualificarmos para sermos felizes em todos os níveis de nossa existência!

**ISBN:** 978-85-64463-00-4
**Edição:** 1ª
**Páginas:** 154
**Formato:** 16x23cm

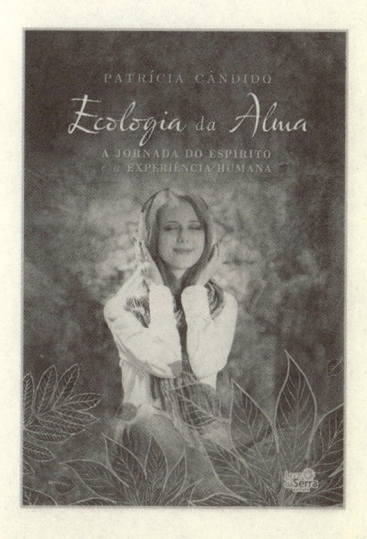

## DECISÕES
*Encontrando a missão da sua alma*
**BRUNO J. GIMENES**

É um livro esclarecedor que mostra formas simples e eficientes para ajudar você a tomar decisões sábias, encontrar e realizar a missão de sua alma, produzindo em sua vida efeitos intensamente positivos.

**ISBN:** 978-85-64463-08-0
**Edição:** 3ª
**Páginas:** 168
**Formato:** 16x23cm

## ATIVAÇÕES ESPIRITUAIS
*Obsessão e evolução pelos implantes extrafísicos*
**BRUNO J. GIMENES**

A importância dos elementais (espíritos da natureza), o lado espiritual das grandes festas (música eletrônica, carnaval), a ação silenciosa dos espíritos malignos, a obsessão através dos implantes, o trabalho dos especialistas da luz e as ativações espirituais são alguns dos temas narrados nesse romance orientado espiritualmente por Cristopher.

**ISBN:** 978-85-64463-01-1
**Edição:** 2ª
**Páginas:** 168
**Formato:** 16x23cm

## GRANDES MESTRES DA HUMANIDADE
*Lições de Amor para a Nova Era*
### PATRÍCIA CÂNDIDO

É uma busca no passado que traz à tona a herança deixada pelos sábios que atingiram os níveis mais altos de consciência. Talvez a humanidade não perceba que as mensagens de Buda, Krishna, Gandhi, Jesus e outros seres iluminados nunca foram tão necessárias e atuais. Nesta obra, a autora reúne as propostas de evolução que cinquenta grandes almas apresentaram à humanidade.

**ISBN:** 978-85-7727-153-5
**Edição:** 2ª
**Páginas:** 336
**Formato:** 16x23cm

## EVOLUÇÃO ESPIRITUAL NA PRÁTICA
### BRUNO J. GIMENES E PATRÍCIA CÂNDIDO

É um manual prático que proporciona ao leitor, condições de acelerar sua evolução espiritual, de forma consciente, harmoniosa, inspirando valores para alma, que o faça refletir sobre o sentido da vida e seus aprendizados constantes.

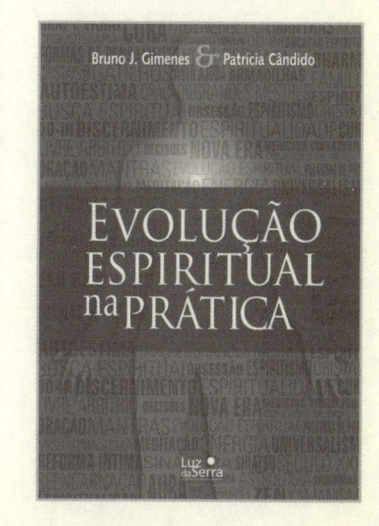

**ISBN:** 978-85-7727-200-6
**Edição:** 3ª
**Páginas:** 344
**Formato:** 16x23cm

## O CRIADOR DA REALIDADE
*A vida dos seus sonhos é possível*
**BRUNO J. GIMENES E PATRÍCIA CÂNDIDO**

De forma direta e eficiente, oferece todas as informações que você precisa saber para transformar a sua vida em uma história de sucesso, em todos os sentidos: saúde, relacionamentos, dinheiro, paz de espírito, trabalho e muito mais.

**ISBN:** 978-85-7727-234-1
**Edição:** 3ª
**Páginas:** 128
**Formato:** 14x21cm

## FITOENERGÉTICA
*A Energia das Plantas no Equilíbrio da Alma*
**BRUNO J. GIMENES**

O poder oculto das plantas apresentado de uma maneira que você jamais viu.
É um livro inédito no mundo que mostra um sério e aprofundado estudo sobre as propriedades energéticas das plantas e seus efeitos sobre todos os seres

**ISBN:** 978-85-7727-180-1
**Edição:** 4ª
**Páginas:** 304
**Formato:** 16x23cm

## MULHER
*A essência que o mundo precisa*
### BRUNO J. GIMENES

Um novo jeito de pensar e agir a partir das bases amorosas aproxima-se para a humanidade, tendo como centro dessa transformação a energia essencial da mulher. Nesse evento dos planos superiores, a protagonista é a mulher, o ser que consegue armazenar em seu seio, a força das atmosferas sublimes, que é o antibiótico para a bactéria da ignorância mundana.

**ISBN:** 978-85-7727-251-8
**Edição:** 2ª
**Páginas:** 336
**Formato:** 16x23cm

## E O LOBO UIVOU PARA A ÁGUIA
### JUAREZ GURDJIEFF

Nesta obra, Juarez Gurdjieff apresenta o assunto da espiritualidade de forma prática e vinculada aos estados psicológicos da vida humana em vários segmentos.
Ao leitor cabe apenas o exercício de compreender e traduzir para a sua vida as reflexões advindas da tradição dos índios. Numa linguagem simbólica entre os animais, o diálogo que se estabelece produzirá benefícios incríveis em sua vida.

**ISBN:** 978-85-7727-259-4
**Edição:** 1ª
**Páginas:** 144
**Formato:** 16x23cm

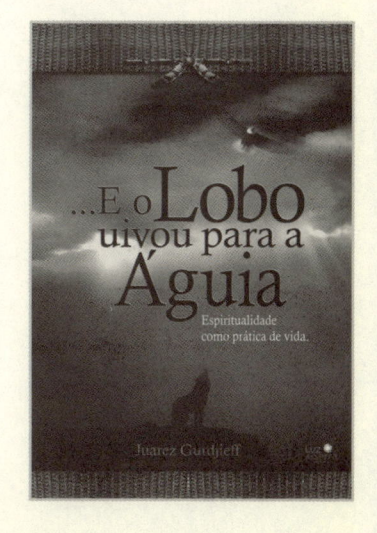

## AME QUEM VOCÊ É
*Saiba que a melhor escolha é a sua*
### CÁTIA BAZZAN

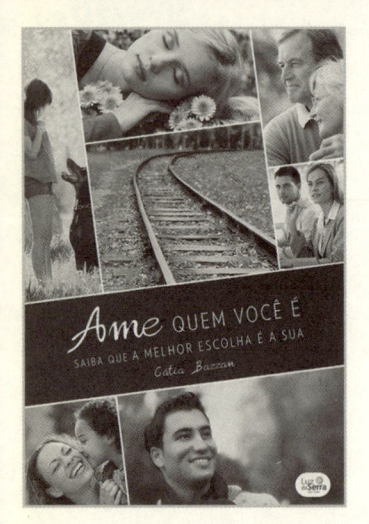

Com a ajuda desta obra, teremos a oportunidade de analisar profundamente as escolhas que fizemos em nossas vidas. Também poderemos conhecer o que é mais importante para estarmos em sintonia com nossa essência, amando e contemplando a nós mesmos.

**ISBN:** 978-85-64463-02-8
**Edição:** 1ª
**Páginas:** 148
**Formato:** 16x23cm

## SINTONIA DE LUZ
*A consciência espiritual do século XXI*
### BRUNO J. GIMENES

O século XXI, de forma inédita, oferece às pessoas uma liberdade jamais antes imaginada na busca por evolução da consciência. Esse é um presente de Deus para todos os seus filhos e que precisa ser aproveitado com sabedoria. Neste livro, o autor mostra, de forma clara e objetiva, os elementos dessa nova visão de consciência espiritual universalista característica do século XXI, na qual a melhor religião é a do coração e a melhor filosofia é a de fazer o bem.

**ISBN:** 978-85-64463-01-1
**Edição:** 2ª
**Páginas:** 168
**Formato:** 16x23cm

## A LUZ AO SEU LADO
*As energias celestes envolvem a Terra*
**NELSON THESTON**

Esta obra age no leitor como um agente de ativação espiritual e conexão com as energias celestias. Um livro para quem busca apoios dos Seres de Luz para sua própria evolução e da humanidade
**O que você sentiria com um Arcanjo falando diretamente com você?** Capte a vibração de relatos de experiências dos Anjos com os seres humanos. Você já pensou qual é o nível máximo que você quer atingir como alma? E você já sabe até aonde os Anjos podem ajudá-lo a chegar?
Os Anjos – de todas as classes – voltaram para ficar... sempre ao seu lado.

**ISBN:** 978-85-64463-06-6
**Edição:** 1ª
**Páginas:** 192
**Formato:** 16x23cm

## ENCONTRO DE EUS
*Um caminho... Uma vida diferente...*
**DOMÍCIO MARTINS BRASILIENSE**

*Encontro de Eus* propicia a descoberta do Novo Eu. Conduz uma reflexão crítica, abordando aspectos fundamentais para a compreensão do que somos hoje a partir do somatório de fatos, lembranças, noções de amor e opções que fizemos.
Desenvolve a escuta necessária aos nossos sentimentos, preconizando um Eu de possibilidades a novas descobertas e mudanças para a felicidade.

**ISBN:** 978-85-64463-07-3
**Edição:** 1ª
**Páginas:** 128
**Formato:** 14x21cm

# Luz da Serra

### UNIVERSO HOLÍSTICO, EVOLUÇÃO E CONSCIÊNCIA

# MISSÃO

A equipe **Luz da Serra** está sempre empenhada em estimular a formação de uma "massa crítica" de pessoas que tenham como objetivo proporcionar um despertar para uma nova consciência elevada de paz interior, equilíbrio, autoconhecimento, atitudes positivas e sucesso pessoal.

O nosso foco é apoiar todos aqueles que queiram obter um nível elevado de equilíbrio e consciência, para que encontrem suas missões, em outras palavras, estamos empenhados em ajudar as pessoas a se ajudarem, e encontrarem seus caminhos de prosperidade e alegria plena.

Nossa equipe valoriza a busca contínua por crescimento e aprendizado pessoal, através do respeito nas relações, das ações otimistas, sempre dedicadas a uma causa comum: a evolução do planeta e de todos os seres que aqui vivem.

Acreditamos que nenhum de nós é tão bom quanto todos nós juntos!

## NOSSAS RELAÇÕES

Nossa equipe acredita na formação de parcerias constantes que tenham como objetivo o bem comum, a evolução de todos, sempre na sintonia da harmonia e da tranquilidade.

Acreditamos que a comunicação direta, transparente, sincera, lapidada com amor é uma grande aliada na formação de alianças para o desenvolvimento de nossos objetivos.

Estamos abertos a todas as pessoas e todos os tipos de parcerias, desde que vibrem pelos mesmos princípios, valores éticos e propósitos comuns.

Todas as nossas relações e parcerias só se justificam se conseguirem manter ou aumentar a harmonia de grupo e a força coletiva, sendo imprescindível que se respeite o objetivo maior que é a evolução espiritual de todos, regada com amor, respeito e discernimento.

# CURSOS E PALESTRAS
## COM O PROFESSOR BRUNO J. GIMENES

Bruno J. Gimenes ministra cursos e palestras sobre a temática da espiritualidade, terapias naturais e evolução da consciência.

Os conteúdos são originais e se destacam pela capacidade de gerarem nas pessoas um intenso movimento de despertar de potenciais, de cura emocional, motivação, superação e transformação de hábitos, atitudes e conquista de metas.

Bruno desenvolve os temas com uma capacidade ímpar de consolidar os ensinamentos em aprendizados práticos e efetivos.

Juntamente com Patrícia Cândido, escritora e professora que também é fundadora do Luz da Serra, ministram cursos em mais de cinquenta cidades do Brasil.

Bruno também é coordenador dos cursos à distância Luz da Serra (http://ead.luzdaserra.com.br) e do Portal Luz da Serra (www.luzdaserra.com.br), que oferece o maior conteúdo na internet sobre a temática da espiritualidade.

Conheça todas as opções de cursos e as datas dos próximos eventos no Portal Luz da Serra. Acesse **www.luzdaserra.com.br/cursos**